청소년을 위한 NGO 길라잡이

박상필 지음

한울

국립중앙도서관 출판시도서목록(CIP)

NGO를 모르면 대학도 못 간다 : 청소년을 위한 NGO 길라
잡이 / 박상필 지음. -- 파주 : 한울, 2004
    p. ;   cm

ISBN   89-460-3303-7 03330

339-KDC4
369-DDC21   CIP2004001803

서문

　한국의 고등학생은 세계에서 가장 큰 부담을 느끼고 스트레스를 받으면서 살아간다. 새벽에 일어나서 0교시부터 시작되는 학교 수업이 끝나고 나면, 학원에 가서 밤늦게까지 강의를 듣고 그것도 모자라서 집으로 돌아와 텔레비전 강의를 시청한다. 그리고 주말에는 따로 시간을 내서 개인지도까지 받는다. 그렇게 해서 국어책에 나오는 시를 줄줄 외우고, 영어사전의 단어를 몽땅 머리에 집어넣고, 어려운 수학의 지수와 로그를 풀어낸다.

　그러나 현재의 고등학생이 활약할 미래에는 그렇게 익힌 기능적 지식만으로는 원하는 대학에 진학하고, 좋은 직장을 구하고, 훌륭한 지도자가 될 수 없다. 현재 세계 곳곳에서 전쟁이 일어나고 테러가 발생하는 것이 인간의 지적 능력이 부족하기 때문이 아니다. 오히려 첨단기술이 집적된 무기는 인간을 대량으로 살상하고 있다. 정부관료의 능력이 부족하여 개혁이 실패하고 부정부패가 만연하는 것이 아니다. 지식이 많은 사람이 먼저 부정을 저지른다. 경영이론이 빈약하여 기업이 원칙에서 벗어나고 투명한 경영을 못하는 것이 아니다. 그것을 알면서도 사익에 눈이 어두워 편법을 사용하는 것이다.

　이렇듯 고도로 다원화되고 정보가 흘러넘치는 지식기반사회에서는 단순히 무엇을 많이 외우고 특정 분야의 시험점수가 더 높기 때문에 사회에서 성공하거나 경쟁에서 앞서나갈 수 있는 것이 아니다. 우리가 살고 있고, 앞으로 살아가야 할 시대가 요구하는 성공조건은, 기본적인 지적 능력 외에 공동체의 일에 참여하여 몸소 실천하는 행동, 공통의 문제를 해결하기 위하여 함께 협력하는 정신, 부정한 권력과 힘에 저항할 수 있는 정의감, 풍부한 인간성으로 봉사활동을 하는 헌신성, 많은 사람의 자발적 지지를 확보할 수 있는 리더십, 창의적인 아이디어로 문제에 접근하는 상상력이다.

대학에서 학생을 선발할 때도 마찬가지이다. 교수들은 논술시험의 답안을 평가할 때 유형화된 방식에 따라 논리를 전개하는 것보다는 얼마나 창의력과 상상력이 풍부한지에 주목한다. 마찬가지로 면접시험에서도 지식의 양이 많은가보다는 자신이 속한 공동체에서 어떤 리더십을 발휘하고, 어떤 시민정신을 가지고 공동체의 문제를 해결하고 있으며, 사회 속에서 타인과 함께 협력할 수 있는 능력을 가졌는지를 평가한다. 현재와 미래의 대학에서 필요로 하는 지성인에게는 이러한 능력이 필요하기 때문이다. 이러한 경향은 세계의 유명한 대학으로 갈수록 더욱 강조되고 있다. 단적으로 말하면, 단순히 공부만 잘한다고 해서 많은 사람들이 선망하는 하버드 대학에 진학할 수 있는 것이 아니다.

자라나는 청소년이 건전한 인격을 형성하고 훌륭한 한 사람의 민주시민으로 성장하며 뛰어난 지도자로 발돋움하기 위해서는 NGO, 시민운동, 자원봉사활동에 대한 이해와 실천이 절대적으로 필요하다. 그리고 오늘날에는 정치가, 법조인, 의사, 기업경영인, 엔지니어 등 사회 각 분야에서 전문인이 되기 위해서는 이러한 내용을 이해하고 있어야 한다. 시민들이 자발적으로 모여서 좀 더 좋은 사회를 만들기 위해 활동하는 NGO, 각종 사회문제를 해결하기 위하여 조직적으로 함께 활동하는 시민운동, 타인의 이익을 위하여 보상을 바라지 않고 헌신하는 자원봉사활동은 대학입학시험과 관계없이 모든 청소년이 이해하고 실천해야 할 사회적 가치이다.

그런데 지금 당장 고등학생에게 급한 것은 NGO, 시민운동, 자원봉사활

동에 대한 내용이 수능시험과 논술고사에 빈번하게 출제되며, 구술고사
와 심층면접에서 질문으로 등장한다는 사실이다. 그럼에도 불구하고 이
를 체계적으로 정리한 책이 없어서 이번에 기획 시리즈로 집필하게 되었
다. 이 책이 고등학생의 각종 대학입학시험에 도움이 되고, 나아가 훌륭한
민주시민과 지도자로 성장하는 데 밑거름이 되기를 바라마지 않는다.

  이 책은 총 5장으로 되어 있고, 본문에는 주요 개념·인물·사건을 설명
하는 상자가 양쪽에 있다. 그리고 각 장 끝에는 토론을 위한 문제가 5개씩
첨부되어 있다. 부록은 한국의 주요 NGO에 대한 소개와 논술·구술·면접
시험 예상문제 및 답안개요 등 2개로 구성되어 있다. 이 책을 활용하는
하나의 방법은 설명 상자를 참조하여 본문을 읽고, 친구나 선생님과 함께
각 장 끝에 있는 질문을 가지고 토론한 다음, 부록에 있는 예상문제와
답안개요를 활용하여 예상되는 논술과 심층면접에 대비해보는 것이다.
이 책을 읽은 수험생들 모두 좋은 성과를 얻길 바란다.

2004년 10월

박상필(npongo@dreamwiz.com)

차례

NGO와
자원봉사

NGO 시대의 등장 ■■■

1. 거대한 변화

  현재 지구촌에 살고 있는 인간이 겪고 있는 거대한 변화의 물결은 정보화, 지구화, 환경문제로 요약될 수 있다.

  오늘날 세계는 역사가 홉스봄(Eric Hobsbawm)의 말처럼 인류 역사 이래로 가장 극적인 변화의 소용돌이 속에 있고, 그러한 변화는 정보화에 의해 추진되고 있다. 불과 20년 전만 하더라도 반도체, 컴퓨터, 휴대전화, 인터넷 등이 지금과 같이 우리 생활에 중대한 영향을 미칠 줄은 몰랐다. 정보기술의 발달로 인간이 지향하는 가치, 조직을 경영하는 방식, 부(富)를 창출하는 산업 구조, 인간 활동을 규정하는 제도가 크게 변하였다. 그리고 정보화는 지구화를 추진하는 강력한 힘이 되었다. 지구화로 인해 이제 전 지구는 서로 연결되어 밀접하게 영향을 주고받고 있다. 그런데 정보화와 지구화는 불평등, 감시와 통제, 환경 파괴와 같은 심각한 문제를 발생시키고 있다. 현재와 같은 소비 형태가 지속된다면 인간 생활에 반드시 필요한 물·식량·에너지가 과연 언제까지 갈 것이며, 점점 심해지고 있는 기상이번은 어떤 거대한 회오리를 몰고 올 것인가?

1) 정보화

  토플러는 『제3의 물결』에서 인류 역사상의 거대한 문명

앨빈 토플러
(Alvin Toffler)

미국의 저명한 미래학자. 1970년대에 『미래쇼크』, 1980년대에 『제3의 물결』, 1990년대에 『권력이동』과 같은 중요한 책을 저술하여 전 세계에 번역·출판되었다. 공장노동자로 일하기도 하고 박사학위도 받지 않았지만, 미국 주요 대학의 교수를 지내기도 했다. 그가 쓴 『제3의 물결』은 다가올 정보사회를 예측하여 커다란 반향을 불러일으켰다.

변화를 3단계로 나누고 있다. 제1의 물결은 약 1만 년 전에 일어난 농업혁명이다. 농업혁명에 의해 인간은 유랑하면서 그때그때 식량을 구하는 것이 아니라 한 곳에 정착하여 촌락을 형성하고 식물을 재배할 수 있게 되었으며, 식량 생산량을 급격하게 늘릴 수 있었다. 농업혁명은 수천 년에 걸쳐서 천천히 일어나서 널리 파급되었다.

제2의 물결은 18세기 영국에서 시작하여 유럽·미국 등 서구사회로 확대된 산업혁명을 말한다. 산업혁명에 의해 인간은 자연이나 동물이 아닌 동력기관을 이용하여 상품을 생산할 수 있게 되었다. 증기기관을 이용한 방직산업에서 시작된 산업혁명은 제철·기계산업 등으로 확대되었다. 산업혁명으로 인해 과학기술이 발달하고 경제가 성장하여 인간생활이 획기적으로 바뀌었다. 산업혁명은 수백 년 만에 전 세계로 파급되었다.

제3의 물결은 1950년대 이후 미국을 중심으로 일어나고 있는 정보혁명(또는 지식혁명)이다. 정보혁명은 컴퓨터와 통신기술을 결합하여 정보를 산출하고 산출된 정보가 빠른 속도로 시공간의 경계를 넘어 전달되는 것을 말한다. 정보혁명은 인간의 사고, 생활양식, 조직 형태, 산업구조, 국가의 역할을 전면적으로 바꾸어 놓았다. 정보혁명은 불과 수십 년 만에 전 세계로 파급되고 있다.

정보혁명이 일어나고 있는 현대사회를 정보사회, 전자공학시대, 초산업사회라고 부르기도 한다. 그렇지만 그러한 말들의 밑바탕에는, 우리가 살고 있는 21세기는 동력이나 자본이 중시되던 산업사회와는 달리 지식과 정보가 중요한

현대정보사회에서 개인은 다양한 방법으로 정보를 획득할 수 있다. 특히, 인터넷을 이용하면 시간적·공간적 경계를 넘어 필요한 정보를 쉽게 접할 수 있다. 사진은 미국 의회도서관의 중앙독서실(main reading room). 세계 최고 도서관의 자리가 텅 비어 있다.

자원의 원천이 되고 있다는 사실이 공통적으로 전제되어 있다. 정보화(informatization)란 한마디로 정보기술(information technology)에 기초하여 정보의 생산과 교류가 활발해지고 그 가치가 크게 높아지는 현상을 말한다. 정보기술은 반도체로 대표되는 소자기술, 컴퓨터로 대표되는 정보처리기술, 위성 통신과 광통신으로 대표되는 통신기술의 복합체를 말하는데, 이는 하드웨어와 소프트웨어가 결합한 것이라고 할 수 있다.

산업사회에서는 재화(상품) 생산이 핵심적이었지만 정보사회(information society)에서는 서비스(서비스 중에서도 지식·정보와 관련된 서비스) 생산이 중심이다. 따라서 직업과 부가가치도 지식·정보와 관련된 소프트웨어 산업에 집중되고 있다. 한 예로 시스템 설계, 프로그래밍, 정보처리와 관련된 전문 서비스업을 들 수 있다. 특히 정보사회의 서비스는 기존의 시간과 공간개념을 초월하여 제공되고 있다. 예를 들어, 미국의 환자가 비싼 미국 의사에게 진료를 받는 것이 아니라 인터넷을 통해 인도의 값싼 의사로부터 진단과 처방을 받을 수 있고, 한국 학생이 인터넷에 연결하여 한밤중에 프랑스의 도서관을 방문하여 필요한 자료를 구할 수 있다.

정보사회에서는 권력의 원천에도 큰 변화가 일어났다. 전통적으로 권력은 폭력과 부(富)에 의해 발생하였으나, 이제 그 원천이 지식과 정보로 이동하고 있다. 인간관계에서도 농업사회에서 볼 수 있는 공동체적 관계나 산업사회에서 나타나는 대면관계보다는 재택근무, 전자 메일, 화상대화 등을 통한 간접 접촉이 늘어났다. 조직의 형태에서도 산업사회에서 효율성을 발휘하는 위계적 관료조직보다는, 인간의 창의력과 상상력을 일깨우는 유연하고 수평적인 네트워크(network) 형태의 조직으로 바뀌어가고 있다. 그리고 정보사회에서 정보는 시스템의 전자화, 소형화, 디지털화에 의해 시간과 공간의 한계를 뛰어넘어 저장·전송·복제된다. 통신체계와 네트워크의 구축에 의해 정보이동이 촉진되고 있는데, 심지어 정보고속도로(information superhighway)가 등장하고 있다.

2) 지구화

세계무역기구(WTO)는 1999년 11월 미국 시애틀에서 지적재산권과 생명특허권 보장, 농산물 및 서비스 시장 자유화를 위한 새천년회의(new millennium round)를 개최하였다. 그러나 지구화에 반대하는 전 세계 5만 여명의 NGO 활동가들이 시위를 벌여서 이 회의를 무산시켰다. 한국의 LG전자는 얼마 전에 중국으로 공장을 옮겼고, 중국에서 만든 제품은 대부분 미국으로 수출된다. 따라서 이 회사는 노사문제에서 중국인을 대상으로 하고, 소비자에 대한 서비스는 미국인을 대상으로 한다. 즉, 소유자는 한국인이지만 한국 정부의 정책에 거의 영향을 받지 않는다.

21세기에 들어서 지구화만큼 우리 생활에 커다란 영향을 미치고 있는 현상도 없을 것이다. 지구화는 자유주의와 자본주의의 산물로서 이미 19세기 유럽에서도 존재하였다. 그러나 지금 우리가 목격하고 있는 지구화는 그 범위와 강도에서 과거와는 비교가 되지 않을 정도로 강력하고 광범위하다.

지구화(globalization)란 경제·정치·군사·문화 등 거의 전 영역에서 하나의 지구촌이 형성되어 개인·조직·국가간의 교류와 상호의존이 심화되는 현상이다. 전 세계가 단일시장으로 묶임에 따라 초국적기업, 주식 중개인, 채권 거래자가 주요한 경제 행위자로 등장하였고, **국민국가**의 결정권이 약화되었다. 지구화를 추동하는 자본시장의 경우, 정보통신기술의 발달로 인해 전 세계의 주식 거래가 인터넷에 연결된 컴퓨터를 간단하게 조작함으로써 즉각적으로 이루어진다. 이것은 개인의 이익과 고용이 저 멀리 다른 대륙에 있는 낯선 사람의 손에 의해 순식간에 결정될 수 있음을 의미한다. 개인이나 기업의 경쟁도 더 이상 한 국가 내의 문제가 아니다. 예를 들어, 최근 심각한 청년실업문제는 한국의 대학생이 인도나 중국의 대학생에 비해 임금과 능력에서 어느 정도로

**국민국가
(nation-state)**

1648년 베스트팔렌 조약 (Peace of Westfalen) 이후 단일민족을 중심으로 하는 국가체계를 말한다. 이후 국민국가는 대내적으로 공권력을 독점하고, 대외적으로 독립성을 인정받게 되었다. 이러한 국민국가체계는 지난 300여 년 동안 인정되어 왔으나, 최근 지구화가 확장되면서 그 권위가 훼손되고 있다.

경쟁력이 있느냐에 영향을 받는다. 기업 입장에서는 한국의 대학생이 능력은 별로 없으면서 높은 임금만 요구한다면 인도나 중국의 대학생을 채용하거나 아예 회사를 외국으로 옮겨버린다.

현재의 지구화는 1980년대 이후 미국의 헤게모니(hegemony)에 의해 추진되고 있다. 미국을 비롯한 유럽의 선진국과 일본은 전 지구적인 자유시장을 형성하여 자국의 이익을 증대시키려고 한다. 물론, 거대기업이 그 국가권력의 배후에서 영향력을 행사하고 있다. 지구화는 신자유주의 이데올로기에 의해 추동되고 있다. 신자유주의는 1970년대 서구 자본주의의 구조변화에 따라 등장하여 영국의 대처(Margaret Thatcher) 수상과 미국의 레이건(Ronald Reagan) 대통령에 의해 파급되기 시작한 정치이념이다. 신자유주의는 시장개방, 규제철폐, 국가개입 반대, 민영화, 작은 정부 등을 지향하는 보수적인 정치이데올로기로서, (19세기의 자유주의와는 달리) 심지어는 문화를 상품화하고 독과점을 자유로운 시장행위로 인정하기까지 한다. 신자유주의에 의해 추진되고 있는 지구화는 1990년대 초반 소련과 동구 유럽의 현실사회주의체제가 실패한 이후 자본주의체제가 확장됨에 따라 전 세계적으로 팽창하고 있다.

3) 환경문제

오늘날 세계의 어느 누구도 심각한 환경문제로부터 자유로울 수 없게 되었다. 2010년대에 세계가 지진, 태풍, 홍수,

가뭄, 냉해와 같은 기상이변으로 대재앙을 겪게 될 것이라는 보고가 있다. 특히, 물 부족은 '발등에 떨어진 불'이다. 아무리 과학기술이 발달하고 인간 생활이 편리해져도 물과 식량이 부족하면 인간은 생존할 수 없다. 이제 개나리는 봄에만 피는 꽃이 아니고, 눈은 겨울에만 내리지 않는다. 가을에 개나리가 피고, 한여름에 눈이 내리는 기상이변이 일어나고 있다. 또한 인간이 먹고 마시는 공기·물·음식의 오염 때문에 신생아 10명 중 1명은 갖가지 장애를 가지고 태어난다. 몇 년 전에 투발루[Tuvalu: 태평양의 동북방에 위치한 인구 1만 명의 군도(群島)]에서는, 지구 온난화 현상으로 해수면이 위험수위까지 올라와 주민이 국토를 포기하고 모두 뉴질랜드로 이주하였다. 지구온도가 올라가고 남극과 북극의 얼음이 녹고 있다는 우려가 확실히 증명되고 있는 것이다.

산업화에 의해 물질적으로 풍요로워지고 생활이 편리하게 되었지만 그 반대급부로 엄청난 환경파괴를 초래하였다. 이산화탄소 배출이 늘어나서 오존층이 파괴되고 마구잡이 벌목으로 인해 이상기온 현상이 나타나고 있으며, 무분별한 개발로 생태계가 파괴되고 각종 공해병이 발생하였다. 과학기술의 발달 덕분에 편리한 삶을 누릴 수 있었지만, 과학기술이 다시 부머랭(boomerang)이 되어 인간의 생존을 위협하고 있다. 인구증가도 그러한 문제 중 하나이다. 인류는 200여 년 전 맬서스가 『인구론』이라는 책에서 제기한 식량문제를 상당 부분 해결하였지만, 인구문제를 해결하지는 못하였다. 약 1만 년 전의 세계 인구는 500만 명 정도에 불과했으나, 1987년에 50억 명을 넘어서 1999년에는 60억 명을 초과하였

맬서스
(Thomas Malthus)

18세기 후반과 19세기 초반 영국의 보수적 경제학자. 그는 1798년에 쓴 『인구론(*An Essay on the Principle of Population*)』이라는 유명한 저서에서 식량은 산술급수적으로 늘어나는 데 반해, 인구는 기하급수적으로 늘어나기 때문에 세계는 기아 위기에 처할 것이라고 경고하였다.

다. 그리고 2050년도에는 세계인구가－인구정책이 성공한다고 해도－100억 명이 될 것이라고 한다.

　60억 명이 매일 먹고 사는 데 필요한 식량과 에너지는 엄청난 양으로서 자원을 급속하게 고갈시키고 있으며, 또한 버려지는 엄청난 양의 쓰레기와 배설물은 공기·토양·해양을 오염시키고 있다. 현재 세계 인구의 대부분은 도시에서 살고 있다. 근대 이전의 도시 중 가장 컸던 이탈리아 로마의 인구는 100만 명이 되지 않았다. 그러나 오늘날 세계에는 1,000만 명 이상이 거주하는 거대도시가 즐비하다. 한국의 경우에도 전체 인구의 90% 이상이 도시에서 살고 있다. 많은 인구가 모여 사는 도시의 오염된 공기, 소음, 쓰레기, 배설물을 해결하기 위해서는 엄청난 비용이 들며, 이 외에도 갖가지 문제를 유발시키고 있다. 한 예로, 서울에서 천식에 걸린 어린이가 병원에 가도 낫지 않아 공기가 좋은 시골로 이사를 갔더니 소리 없이 나았다고 한다. 서울에서 폐암에 걸려 죽기만을 기다리던 환자가 나무가 우거진 시골에서 요양한 결과 암세포가 성장을 멈추고 병이 치료되었다는 보도도 있다. 서울의 공기가 제주도 수준이 되면 서울 시민의 평균수명이 5년 늘어난다는 보고도 있다. 이것은 도시의 생활조건이 얼마나 인간의 건강을 해치고 있는지를 보여주는 사례이다.

　환경문제는 집단과 국가 간에 새로운 갈등을 자아내고 있다. 쓰레기 처리를 둘러싼 주민과 지방자치단체 간의 갈등은 이제 옛말이 되었다. 군사전문가들은 미래의 세계전쟁은 체면·영토·종교·인종 때문이 아니라, 물·식량·에너지 때문에 발발하는 자원전쟁이 될 것이라고 예언한다. 자원전쟁은 곧 생존을 위한 최후의 몸부림이라고 할 수 있다. 이러한 자원 중에서도 특히 물 부족에 대한 경고가 계속 나오고 있다. 물이 부족해서 대량으로 인구가 이동하고 전쟁이 벌어진다면, 그것은 필사적일 수밖에 없다. 인간은 물이 없으면 단 하루도 살 수 없기 때문이다.

지금 세계는 심각한 환경문제에 직면해 있다. 공기와 토양이 오염되고, 심지어 바다의 온도가 올라감에 따라 인간의 생존이 위협받고 있다. 현재 상태로 지구의 온도가 계속 올라간다면 인간은 전혀 새로운 국면을 맞이하게 될 것이다. 예를 들어, 해발고도가 낮은 네덜란드 같은 나라의 국토 대부분이 물에 잠기거나, 겨울이 없어지고 여름의 날씨가 섭씨 50도를 넘어서거나, 거대한 홍수 때문에 주곡작물인 벼·밀·옥수수가 자라지 못하거나, 새로운 전염병이 창궐하는 상황이 닥칠 우려가 있다.

2. 현대인의 욕구

우리가 살고 있는 현대사회는 산업사회와 다르다. 서비스업이 증가하고, 지식과 정보가 중요한 자원으로 작용하며, 전문지식인의 영향력이 커진 사회이다. 또한 인권과 자아실현이 강조되고, 자율성과 다원성이 확대되었다. 조직은 수평적으로 네트워크화되었고, 세계시민은 연대를 통해 공동의식을 갖기도 한다. 단순히 반복되는 역사의 한 주기가 아니라 과거에 없었던 거대한 질적 변화의 소용돌이가 일어나고 있다. 여기에서는 현대인이 지향하는 욕구를 개인 자율성의 중시, 다원적 가치의 추구, 삶의 질에 대한 관심 등 세 가지로 나누어서 살펴보기로 한다.

1) 개인 자율성의 중시

패러다임(paradigm)

쿤(Thomas Kuhn)이 1960년대에 창안한 개념으로서 정의하기가 애매하다. 한국어로는 원형, 표준 등으로 번역할 수 있으나 한마디로 정의하기 어렵다. 요약해서 말하면, 패러다임은 어떤 과학 영역에서 전문과학자 집단이 사물을 바라보는 공유된 시각, 또는 세계를 이해하는 이론적 틀이라고 할 수 있다. 정보화·지구화·환경문제가 인간의 사고, 일상생활, 산업구조에 미치는 거대한 변화는 일종의 패러다임의 변화라고 할 수 있다.

과거에 인간은 자율이 혼란과 무질서를 가져온다고 생각하고 경원시하였다. 이것은 뉴턴(Isaac Newton)으로 대표되는 기계론적 패러다임에서 나온 사고이다. 뉴턴적 사고에서는 우주를 질서정연한 것으로 보고, 전체를 부분으로 나누어 관찰하며, 중앙에서 시스템 전체를 통제하는 것을 중시하였다. 오늘날 복잡성이론(complexity theory)이나 양자역학(quantum mechanics)이 부상함에 따라 자율과 복잡성이 더 이상 무질서나 나쁜 것을 의미하지 않게 되었으며, 사람들은 복잡한 사회현실을 그대로 인정하고 그 속에서 의미를 발견하려고 한다. 무질서하게 보이는 자율 속에서 창조와 쇄신을 얻어낼 수 있다고 보며, 인간은 단지 외부자극에만 반응하는 무력한 존재가 아니라 영향력을 행사하여 스스로 사회를 변혁하고 유리한 환경을 창조하는 자율적인 존재로 규정된다.

자율성이란 인간 스스로 자신의 삶의 조건을 사고하고 판단하며, 선택하고 실천할 수 있는 권한과 능력을 말한다. 따라서 국가권력이나 경제권력의 억압과 종속에서 벗어나고 인습이나 제도의 구속으로부터 해방되어야 한다. 자율성을 실현하려는 예로 여성해방과 남녀평등을 들 수 있다. 자율적인 개인은 일상생활에서 자신의 삶을 스스로 관리하고 자발적으로 행동한다. 그리고 다른 사람과의 상호교류가 확대되고 가치를 공유하는 사람끼리 활발하게 협력하고 연대한다. 나아가 공공의 일에 평등하게 참여하고 자유롭게 의견을 표출하기도 한다. 이렇게 되면 일상생활의 사소한 이슈가 담론의 한복판으로 들어와 활발하게 토론되고 공론에 붙여지게 된다. 동성애, 병역거부, 갯벌개발 반대와 같은 이슈가 그 예이다.

현대사회는 관료주의적 명령과 통제 방식에 의해 생산성을 높일 수 있는 시대가 아니다. 관료주의의 위계적 구조와 하향식 의사전달(downward communication)은 조직 내의 많은 사람을 소외시키고 창조적인 삶을 방해한다. 국가의 억압과 통제는 개인의 저항을 불러일으키고 인간의 능동성을 방해한다. 이제 정보로 무장한 개인이 뛰어난 능력을 가지고 영향력을 발휘하는 시대이다. 새로운 환경과 제도는 개인이 자유롭게 표현하고 자율성을 누리는 것을 강조한다. 따라서 개인은 이미 만들어진 틀에 따라 응답하는 것이 아니라, 직접 프로그램을 만들고 질문 사항을 구성한다. 현대인이 원하는 삶이란 바로 자율이 생활의 기초가 되어 인간이 스스로 다스리고(자치성), 개성의 완전한 실현(전체성)을 보장하는 삶이라고 할 수 있다.

2) 다원적 가치의 추구

16~17세기에 시작된 근대사회는 국가 중심의 발전관, 유

형화를 통한 단순화, 상하간의 위계적 관계 등을 강조하였다. 서구의 자유주의는 국가가 중심이 되어 기술을 개발하고 자연 정복을 통해 부를 늘려나갔다. 중앙의 지배자는 권력을 독점하고 약자를 지배했으며, 생산양식도 대량소비사회에 맞는 대량생산체제였다. 근대성의 논리는 좌파와 우파, 공과 사, 직장과 가정과 같이 사회를 이분법적으로 구분하여 이해하려고 하였다. 그리고 통치하는 자와 통치받는 자, 엘리트와 대중, 중앙과 지방과 같은 위계질서를 통해 효율성을 극대화하려고 하였다. 이미 권력을 잡고 있는 사람은 이러한 집중화·단순화·서열화를 통해 권력을 유지하려고 하였다.

그러나 현대사회에서는 국가주의가 쇠퇴하고 권력과 가치가 분화되었다. 좌파와 우파, 혹은 진보와 보수의 대립만이 주요한 논쟁거리인 것이 아니다. 인간이 물질적 분배에만 관심을 갖고 있는 것이 아니라, 환경·인권·평화·문화 등과 같은 다양한 탈물질적 가치에도 관심을 가지고 있기 때문이다. 사회갈등의 구조는 복합적이기 때문에 자본가와 노동자 간의 계급대립만 주요한 갈등이 아니다. 예를 들어, 기술과 환경이 충돌하고, 소비와 검약이 충돌하며, 개방과 폐쇄가 충돌하고 있다. 특히 급격한 기술 변화와 생활양식의 차이로 인해 세대별, 성(性)별 갈등이 첨예화되고 있다.

현대사회에서는 국가가 개인을 동원하여 발전을 추구하는 것이 아니라, 국가와 개인 사이에 다양한 매개집단이 존재한다. 개인은 공동의 관심사와 이해관계를 갖는 사람끼리

다원화된 현대사회에서는 사랑도 반드시 이성간에만 이루어지는 것이 아니다. 한 동성애자 모임이 동성애자 차별철폐를 요구하는 기자회견을 하고 있다.

단체를 결성하고 서로 유대를 맺으면서 공동의 목적을 추구한다. 조직은 개인의 창의력을 발휘할 수 있도록 유연한 형태를 취하고 활발한 커뮤니케이션을 강조한다. 권력은 분산되고 참여가 중시되고 있다. 특히, 여성적·환경적·지방적 가치를 새롭게 인식하고 있다. 가치와 구조가 복잡다단하고 갈등의 대결구조가 변화무쌍한 시대에, 다원화는 피할 수 없는 현상이다. 특히, 사회적 약자는 자발적으로 소집단을 만들어 자신의 욕구를 충족한다. 여성, 소수민족, 장애인, 동성애자, 에이즈 환자, 희귀병 환자, 알코올 중독자, 병역거부자, 전과자 등 다양한 사람들이 인권보장을 요구하거나 자신만의 독특한 생활방식을 지향한다.

3) 삶의 질에 대한 관심

오늘날 모든 사람은 자신의 삶의 질을 높이기 위해 노력한다. 대부분의 사람은 물질적 풍요뿐만 아니라 정신적 가치를 추구하고 내면을 탐구한다. 타인과의 관계를 통해 부단히 인간의 실존적 문제에 대해 고민하고 자신의 존재 의의를 찾고 있다. 따라서 삶의 질과 연계되지 않는 도그마(dogma)는 지지를 확보하지 못하고 쇠퇴할 수밖에 없다. 많은 사람들이 웰빙(well-being)에 대해 보이는 높은 관심이 이를 반영한다. 이러한 시대에는 의료와 교육이 핵심 사항으로 등장한다. 건강하고 아름다운 몸과 전문 지식을 갖추는 것이 중요하기 때문이다.

현대사회의 개인은 과거와 다르게 사고하고, 다양한 가치를 선호하며, 새로운 조직과 관계를 필요로 한다. 인간은 자신의 정체성(identity)을 확인하고 싶어하며, 창조적이고 감성적인 삶을 살아가기를 원한다. 그리고 자신의 잠재력을 계발하여 다양한 영역에서 자신의 목표를 달성하기를 원하며, 유연한 조직구조 속에서 제약받지 않는 사유를 하고 지적으로 해방되기를 꿈꾼다. 누구든지 일상에서 자신의 가치를 높이고 사회적 위상을 상승시키는 인생을 열망한다. 스스로 조직을 만들어 이니셔티브(initiative)를 행사하고 공동체의 의사결정에 참여하기를 원한다. 생활의 안전과 복지, 자아정체성 확립과 소외 극복, 개인의 자율과 이니셔티브(주도권) 행사, 공동체의 의사결정에 대한 참여, 형제애와 이타주의(altruism) 실현과 같은 덕목은, 바로 현대인이 삶에서 실현시키고 싶은 것들의 목록이다.

현대사회는 기술의 시대라고 할 수 있을 만큼, 기술 발전의 속도가 빠르고 인간의 삶에 미치는 영향도 매우 크다. 그러나 우리의 삶에 중요한 것은 기술 발전을 통해 생산성을 높이는 것만이 아니다. 오히려 인간이 가진 능력을 계발하고 그 내면적 가치에 주목하여 삶의 질을 높이는 것이 중요하다. 자본주의는 상품과 서비스의 생산에 적절한 체제이지만, 생산과 소비에 대한 집착만으로는 인간의 정신적 가치를 충족시킬 수 없다. 거대한 국가와 경직된 관료조직도 개인의 자율과 창의성을 방해하기 때문에 삶의 질을 보장하기 어렵다. 삶의 질을 높이기 위해서는 기술·자본주의·국가를 인간적 가치에 맞게 변형시켜야 한다. 그래서 빈곤을 구제하고, 환경을 보호하고, 평화를 유지할 수 있어야 한다.

이제 공동체, 생태환경, 노인의 권리, 문화적 권리가 중시되고 있다. 대부분의 사람이 도시에서 거주하는 현대사회에서는 익명성과 파편화로 인해 인간성이 상실되고 있다. 건강한 도시공동체를 만들기 위해서는 계속하여 더 많은 재화(상품)와 정보만을 제공하는 것보다 오히려 서로간의 교류와 가치 공유가 필요하다.

인간과 환경의 공존은 이제 미래세대뿐만 아니라 현세대에서도 시급한 사항이 되었다. 환경 파괴는 국경을 넘어 전세계적으로 파급되고 있고, 한번 손상되면 복원에 많은 시간과 비용이 든다는 점에서 우리의 삶과 동떨어져 있는 문제가 아니다.

평균수명이 점점 연장되어감에 따라 노년의 삶을 어떻게

설계할 것인가는 우리 모두의 관심사가 되었다. 우리나라도 2040년이 되면 65세 이상의 노령 인구가 전체 인구의 30%를 넘어선다고 한다. 이제 노인은 사회참여와 자원봉사활동을 통해 자신의 정체성을 발견할 수 있는 기회를 요구한다.

문화적 권리는 경제발전과 함께 그 어느 시대보다 더 중요해지고 있다. 국제적으로는 소프트웨어의 상호 공유를 통해 문화가 서로 융합되고, 지방적으로는 지방문화의 특수성이 존중되어야 한다. 그리고 개인은 관객으로서 행사를 관람하는 데 그치지 않고 소그룹을 만들어 직접 행사에 참여하고 문화 활동을 해나가기를 희망한다.

3. NGO의 등장

1) NGO의 분출

21세기를 흔히 NGO의 시대라고 하는데, 그 이름에 걸맞게 NGO 혁명(nongovernmental organization revolution)이라고 할 수 있을 정도로 아메리카에서 유럽까지, 아프리카에서 아시아에 이르기까지 다양한 영역에서 다양한 이슈를 다루는 NGO가 생겨나서, 국가와 시장에 영향력을 행사하고 시민들의 요구에 응답하고 있다. 미국과 같이 전통적으로 작은 정부를 선호하고 다양한 인종·언어·문화로 이루어진 사회는 말할 것도 없고, 유럽과 같이 전통적으로 국가가 중요한 역할을 수행하는 사회에서도 많은 NGO가 활동하고 있다.

심지어 독일과 같은 복지국가에서도 인구 28만 명의 작은 도시에 NGO가 2,800개나 된다는 통계가 있다. 중국과 같이 사회주의적 이념이 강한 국가에서도 지역경제개발을 촉진하고 국가의 행정력이 미치지 못하는 각종 인간적인 서비스를 제공하기 위해 NGO가 생겨나고 있다. 한국은 세계에서 가장 역동적으로 NGO가 성장한 나라이다. 1987년 6월항쟁 이후 정치적 민주화가 진행되면서 약 15년 동안 2만 개에 달하는 크고 작은 NGO가 생겨났다.

오늘날 전 세계적으로 거의 수백·수천만 개에 달하는 NGO가 활동하고 있다. 미국의 수도 워싱턴의 백악관 앞에서 이라크 침략전쟁을 반대하는 시위를 주도하고 있는 단체는 세계화에 반대하거나 세계평화를 추구하는 NGO이다. 유럽의 파리와 베를린에서는 환경 NGO가 자연환경을 심하게 파괴하는 대기업 앞에서 불매운동을 하고 있다. 아프리카의 에티오피아와 가나에서는 선진국의 자금을 지원받아 어린이의 건강과 교육을 돌보는 NGO가 진료 활동을 하고 학과 수업을 진행하고 있다. 일본의 도쿄에서는 정신대대책위원회라는 아시아 공동의 NGO가 (제2차세계대전 당시) 일본군 위안부에 대한 일본 정부의 책임을 묻는 시민재판을 하고 있다. 한국의 서울에서는 NGO가 **용천역 폭발사고**에서 피해를 본 북한동포를 돕기 위해 모금운동을 벌이고, 자금과 물자를 전달하기 위해 직접 북한을 방문하기도 한다.

전 세계에 걸쳐 지난 수십 년간 NGO는 급속도로 분출하였다. 이러한 NGO의 분출은 가치관과 욕구의 변화와 밀접하게 관련된다. 앞서 말한 바와 같이, 현대인이 추구하는

용천역 폭발사고
2004년 4월 북한의 평안북도 용천역에서 화약을 싣고 가던 열차가 폭발한 사고. 이 사고로 철도역 주변이 흔적도 없이 사라졌고, 많은 인근 주택과 건물이 무너졌다. 100여 명이 사망하고, 1,000여 명이 부상당하였다. 한국에서는 정부와 각종 시민단체, 종교단체가 성금을 모아 지원하였다.

개인 자율성, 다원적 가치, 약자들의 단결, 소수자의 독특한 문화, 창조 지향적인 삶은 국가나 시장이 보장하기 어려운 것들이다. 이러한 욕구들은 사람들이 스스로 자발적 결사체인 NGO을 만들어서 활동할 때 비로소 실현될 수 있다. NGO의 분출과 발달은 더욱 정보화가 진전되고 인터넷이 확장될 21세기에도 지속될 전망이다. 21세기의 중요한 과제인 개인 자율성 강화, 민주주의의 질적 발전, 빈곤한 주민의 자족능력 증진, 전 세계적 환경 위기에 대한 대응, 전쟁 방지와 세계평화 구축을 실현하기 위해서는 NGO의 참여와 역할이 필요하다. 오늘날 NGO가 없다면 (선진국과 후진국을 막론하고) 민주주의와 개인권리는 심하게 훼손될 것이다.

현대사회와 같이 복잡하고 다원화된 사회에서 다양한 사회문제가 발생하면, 정부와 기업의 입장에서는 신속하게 대응하기 어렵다. 거대한 관료조직이라는 틀 내에서 위계적인 명령에 따라 움직이는 정부로서는 새로운 문제를 예견하고 유연하게 대처하는 데 한계가 있다. 기업이 정부보다는 탄력적이지만, 인류에게 위기를 초래할지도 모를 큰 문제임에도 불구하고 이윤이 남지 않는 부분에 대해서는 그다지 관심을 기울이지 않는다. 국가연합인 유엔(UN: United Nations)이 전 지구적인 문제에 대응하고 있지만, 국가간의 이해관계가 얽혀 있는 문제나 지방 수준의 작은 문제를 다루는 데는 한계가 있다. 따라서 인류 공통의 거시적인 문제에서부터 공동체의 미시적인 문제에 이르기까지 시민들은 자신의 안전과 행복을 위해 직접 행동에 나서고 있다. 새로운 사회문제가 발생하면 법이 제정되어 정부가 조치를 취하기 이전에 시민들이 행동에 나선다. 시민들은 곧바로 모임을 갖고 토론을 거쳐 NGO를 결성하고 눈앞에 있는 문제와 대결한다.

2) NGO의 힘

서울의 한 구청은 관할 내에 있는 공원을 관리하는 데 애를 먹었다. 복잡한 도시에서 공원은 곧 시민의 휴식공간이자 이웃과 만나는 교류의 장으로서 중요한 역할을 한다. 그러나 공중화장실은 제대로 청소를 하지 않아 더럽기 짝이 없고, 공원에 세워져 있는 조각품에는 온갖 낙서가 휘갈겨져 있다. 그리고 공원의 여기저기에는 휴지가 떨어져 있을 뿐만 아니라, 깨진 유리병 조각이 널려 있고 구석진 곳에는 개똥도 있다. 공원 한쪽에 있는 농구대는 녹슬고 나무판이 갈라져 있으며 링의 실이 너절너절하게 떨어져 있다. 시민들이 아침에 조깅할 때 이 공원을 이용하기는 하지만, 어두워지면 거의 이용하지 못한다. 야간에는 비행 청소년의 회합장소나 싸움장소로 변질하고 말았기 때문이다. 따라서 공원으로서의 산뜻한 이미지가 사라진 지 오래다.

이 공원을 담당하는 공무원이 구청에 있긴 하지만 속수무책이다. 공무원 한 사람이 일정한 시간을 두고 순찰을 돌기도 하지만, 24시간 내내 지키고 있을 수도 없기 때문이다. 구청은 이 공원을 시민의 안전한 휴식처로 복원하기 위해 이 지역의 NGO에게 약간의 자금을 지원하고 관리를 위탁하였다. 심지어 공원의 부제목(副題目)을 그 NGO의 이름으로 하였다. 이후 이 NGO는 자원봉사자를 동원하여 자신의 이름이 달린 공원을 깨끗하고 안전한 곳으로 만들기 위해 여러 가지 노력을 하였다. 구청의 지원을 받아 농구대를 보수하고, 조각품과 화장실을 깨끗하게 닦았다. 그리고 공원의 전 지역을 청소하였다. 공원이 시민의 것이라는 현수막을 내걸고, 전단을 만들어 주민들에게 돌렸다. 뿐만 아니라 주민과의 대화를 통해 주민들이 스스로 공원을 보존하기 위한 감시자 역할을 하도록 계몽하였다. 물론, 이 NGO의 회원들은 평소에 공원에서 산책을 하거나 공원 앞을 지나다니면서 자신의 공원을 지키고 보존하는 임무를 충실히 하고 있다.

한국의 대표적인 NGO 중 하나인 참여연대는 2001년 '이동전화요금 인하운동'을 전개하였다. 일명 '핸드폰'이라고 부르는 이동전화 사업은 황금 알을 낳는 신규사업으로 불렸다. 그만큼 해당기업에게 많은 이익이 남는 사업이었다. 기업에게 이익이 많이 남는다는 것은 그것을 이용하는 소비자가 많은 비용을 부담해야 한다는 것을 의미한다. 실제로 2001년까지 한국의 이동전화요금은 소득대비 기준으로 비교할 때, 세계 최고라고 알려졌다. 가끔 신문에 한국의 이동전화요금이 비싸다는 기사가 나오기는 했으나, 개별 소비자는 거대한 기업과 맞서 싸울 엄두를 내지 못하였다.

참여연대는 주로 인터넷을 이용하여 이동전화요금 인하를 위한 100만 명 서명운동을 시작했는데, 2001년 3월에 시작해서 그해 12월에 100만 명 서명이라는 목표를 달성하였다. 참여연대는 서명운동 외에도 정보통신부 앞에서 시위를 하고 국회의원에게 로비를 해서 2001년 12월에 이동전화요금

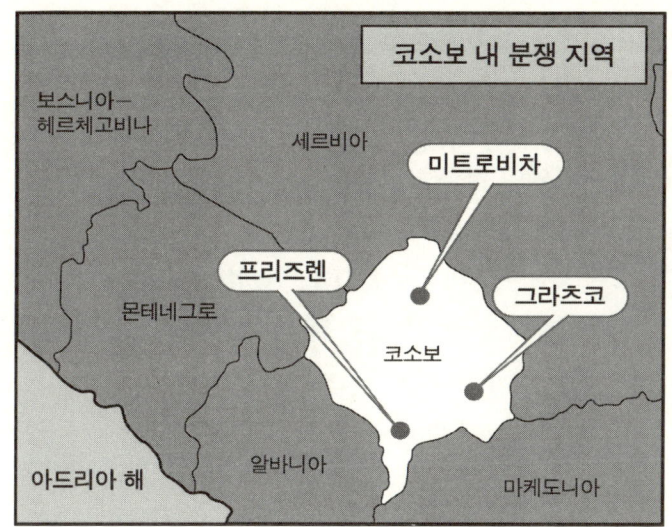

코소보 내 분쟁 지역

보스니아—
헤르체고비나

세르비아

미트로비차

프리즈렌

그라츠코

몬테네그로

코소보

아드리아 해

알바니아

마케도니아

코소보는 본래 세르비아 왕국의 근거지였으나, 14세기에 터키 제국이 이 지역을 지배하면서 이슬람계인 알바니아인을 대거 이주시켰다. 20세기 초 터키 제국의 지배가 끝나면서 다시 세르비아로 통합되었으나, 200만 명의 인구 중에서 90%가 알바니아인이기 때문에 민족·종교분쟁이 끊이지 않고 있다.

이 8.3% 인하되는 데 결정적인 역할을 하였다. 참여연대는 2002년에도 이 운동을 계속해서 2002년 말에 이동전화요금이 추가로 6% 인하되었다.

1999년 유고 전쟁 당시 코소보에서는 세르비아의 인종청소로 인해 많은 난민이 발생하였다. 최대 80만 명으로 추정되는 사람들이 코소보의 산악지역과 인근 알바니아의 쿠커스 지역 등에 텐트를 치고 생활하게 되었다. 어떤 지역에 수만, 수십만 명의 사람들이 피난하여 모여들게 되면 많은 문제가 발생하기 마련이다. 생존에 필요한 물이나 식량이 부족한 것은 말할 것도 없고, 다른 생활필수품도 턱없이 모자란다. 각종 질병에 시달리는 사람은 상비약이 없어서 고통을 받는다. 가장 긴급한 문제는 당장 수술을 받거나 약물치료를 받아야 하는 응급환자들에 대한 구호이다. 이 사람들을 어떻게 구제할 것인가? 자국민의 안전을 책임져야 할 국가는 이미 무력하거나 오히려 폭력을 휘두르고 있다. 물론, 유엔이 사태를 파악하여 필요한 행동을 취할 것이다. 그러나 유엔이 자금을 확보하고 물자를 구입하여 현지에 공급하는 데는 일정한 시간이 걸린다. 더구나 유엔이 독자적으로 수십만 명의 생존문제를 해결할 수도 없다. 그래서 유엔의 활동에만 의존할 경우 위급한 환자는 생명을 유지하기 어렵게 된다.

코소보에 대량난민이 발생했을 때, 한국에 있는 국제구호단체인 글로벌케어(Global Care)라는 NGO는 20명의 의사·간호사·행정원으로 구성된 선발대를 조직하여 처음 난민이 발생한지 20일 만에 현지에 파견하였다. 한국의 글로벌케어가 현지에 도착했을 때에는 이미 많은 국제 NGO들이 구호활동을 하고 있었다. 유럽에 본부를 두고 있는 **국경없는 의사회**의 회원이 현지에 도착하는 데는 이틀밖에 걸리지 않았다고 한다. 이 단체의 회원인 유럽의 의사들은 임시 휴가를 얻거나 임시 휴업을 한 후 청진기를 목에 걸고 코소보로 달려간다. 국경과 관계없이 위급한 환자를 구한 것은 바로 시민들이 스스로 만든 NGO였다.

지금까지 몇몇 NGO 활동을 예로 들었지만, 이 외에도 NGO의 활동과 역할에는 끝이 없다. 한마디로 NGO는 현대인의 일상적인 삶에서 발생하는 다양한 욕구를 해결하는 마법사 같은 존재라고 할 수 있다. 그래서 NGO를 다른 말로 마법의 탄환(magic bullet), 만병통치약(panacea)으로 부르기도 한다(마법의 탄환이란 원래 의학에서 쓰이는 말인데, 어떤 질병의

국경없는 의사회
(Medicins Sans Frontieres)

1968년 나이지리아 비아프라 내전에서 1백만 명이 기아로 숨져가는 충격적인 현장을 목격한 프랑스 적십자사 소속 의사들을 중심으로 구성된 국제 NGO이다. 벨기에 브뤼셀에 본부를 두고 전세계 20여 개국에 지부를 두고 있다. 자원봉사, 양질의료, 독립유지라는 3대 원칙 아래 차별 없는 의료지원을 하는 것이 주목적이다. 그동안의 공로로 1999년에 노벨평화상을 받았다.

NGO를 모르면 대학도 못 간다

근본원인을 파악하여 이를 조준·공격하여 치료할 수 있는 의약품을 말한다). 이제 NGO는 인류 문명의 진보를 약속하는 소중한 사회제도로, 보다 나은 문명을 향해 사회변혁을 담당하는 위대한 행위자로 부상하였다.

3) NGO의 현대적 의미

인간의 자발적 결사체인 NGO는 현대사회에서 여러 가지 역할을 수행하고 있다. 그렇다면 앞서 말한 바와 같이, 정보화·지구화·환경문제로 거대한 변화를 겪고 있는 현대 사회에서 NGO는 어떤 의미가 있는가? NGO는 현대인이 추구하는 각종 욕구를 어떻게 충족시키는가?

먼저, NGO가 정보화·지구화·환경문제에 어떤 의미를 지니는지 살펴보자. 정보화는 개인간 의사소통을 활성화시키고 권력 분화를 촉진하며, 생산성을 증대시킨다. 그러나 다른 한편으로 개인이나 국가 간에 정보 불균형으로 새로운 형태의 불평등이 나타나고, 정보를 통제하는 국가나 대기업에 의해 개인의 권리가 침해될 수 있다. 이 때 NGO는 정보민주화운동을 통해 개인의 사적 권리를 보호하고 정보평등을 추구한다. 그리고 NGO는 정부화에 의해 개인주의화가 지나친 나머지 사람들 사이의 유대가 와해될지 모르는 문제를 극복하기 위해 각종 공동체운동을 전개한다.

지구화에 의해 자유시장이 형성되어 경제성장이 촉진되고 교류 확대를 통해 세계적 연대가 유도될 수 있지만, 국가 간 불평등이 심해지거나 강대국의 문화가 일방적으로 약소

지구화에 대한 비판

영국의 철학자 그레이(John Gray)는 현재의 지구화가 미국의 강요에 의해 진행되고 있기 때문에, 소련·동유럽의 계획경제와 같이 인류에게 엄청난 사회적·경제적 비용을 초래하고 수십 년 이내에 소멸할 것이라고 주장하였다. 프랑스의 사회학자 부르디외(Pierre Bourdieu)는 지구화를 서로 마주보고 달려가는 열차에 비유하면서, 지구화가 인류에게 엄청난 불행을 초래하고 곧 그 생명을 다할 것이라고 예언하였다.

지속 가능한 개발 (sustainable development)

현재와 같이 인간의 욕구를 위해 자연을 착취하고 자원을 소비하면 인간은 더 이상 현재와 같은 생활을 지속할 수 없다. 그래서 자연의 생태계와 미래세대의 권리를 고려하여 경제성장을 추구해야만 지구상에서 인간이 살아갈 수 있다는 것을 말한다. 1992년 브라질의 리우에서 수천 개의 NGO가 모여 개최한 '환경개발회의' 이후 전 세계에 공론화되었다.

국에 퍼져나가는 문화제국주의가 초래될 우려가 있다. 그리고 지구화의 핵심이 시장의 지구화이기 때문에, 시장원리가 강조되는 경향이 있다. 경쟁, 효율성, 실적주의와 같은 시장원리는 민주주의를 위협하고 공동체를 파괴할 우려가 있다. 따라서 NGO는 국제사회에서 강대국을 견제하여 세계평화를 유지하는 데 기여하고, 시장주의의 전횡에 맞서 민주주의를 보호한다. 예를 들어, 기업이 관심을 갖지 않는 사회적 약자나 소수자의 권리를 보호하고 공동체정신을 유지·부활시키기 위해 각종 시민운동을 전개한다.

오늘날 물질주의와 성장주의에 기초한 산업화로 인해 전 세계는 심각한 환경위기에 처해 있다. 그러나 환경문제는 국경을 초월하기 때문에 개별 국가의 노력으로 해결하기는 어렵다. 예를 들어, 봄에 중국에서 먼지가 날아오는 황사현상은 한국 사람들에게 심각한 건강문제를 초래하고 있는데, 황사가 발생하는 것을 막으려면 중국 본토의 사막지역에 나무를 심어야 한다. 이것은 한국 정부 혼자 할 수 있는 일이 아니다. 그렇다고 환경문제를 시장에 맡겨둘 수도 없다. 시장원리에 의해 움직이는 기업은 환경을 파괴해서라도 이윤을 얻고자 하는 경제적 합리성을 중시한다. 그리고 환경문제를 해결하기 위해서는 근본적으로 자본주의 경제체제를 다시 생각해보아야 한다. 단지 인간의 욕구를 충족시키는 성장과 소비를 위해 자연을 지배하고 파괴하는 것이 아니라, 인간과 자연이 공존할 수 있는 '지속 가능한 개발'을 추구해야 한다. NGO는 자연보호와 생태윤리를 강조하고 각종 환경운동을 전개한다. 세계의 NGO 중에서 환경단체가 가장 많으며, 환경운동은 NGO가 벌이는 시민운동 중에서 가장 대표적인 운동이다.

　다음으로 NGO가 현대인의 욕구 충족에 어떠한 의미를 지니는지 살펴보기로 하자. 현대에는 자유주의, 개인주의, 합리성, 효율성과 같은 근대적 가치뿐만 아니라 공동체, 상호부조, 자연과의 공존, 도덕의 중시와 같은 전근대적 가치도 중요하다. 현대인은 경제적 이익, 안전, 타인의 지배를 넘어서는 공익정신, 이타주의, 사회참여, 사회적 연대에도 커다란 관심을 보이고 있다. 개인의 자율성을 강화하고, 다원적 가치를 보장하며, 삶의 질을 증대하기 위해서는 NGO와 같은 새로운 가치와 제도를 통해 과거와 현재, 경제와 사회의 융합이 필요하다.

　과거에는 주로 국가와 시장의 확장에 의존하여 삶의 질을 높이려고 하였다. 실제로 20세기까지 정부와 기업은 크기와 역할 양쪽에서 폭발적으로 성장하였다. 국가와 시장이 인간이 필요로 하는 재화와 서비스를 생산하는 데 중요한 역할을 수행한다는 것을 부인할 수 없지만, 이것이 삶의 전부는 아니다. 현대인은 개인의 자율과 차원 높은 삶을 원한다. 이러한 욕구는 국가의 작동 원리인 관료제, 명령, 획일성으로 충족시킬 수 없다. 마찬가지로 시장의 작동 원리인 경쟁, 효율성, 이윤 추구로 가능한 것이 아니다. 현대인의 삶의 질에 대한 욕구는 개인이 자유롭게 사고하고 능동적으로 참여하는 과정 속에서 실현될 수 있다. 자유로운 사고와 참여 속에서 새로운 이념에 개방적이고, 다양한 아이디어를 주고받으며, 상호협력과 연대를 이루어나가야 한다.

현대인의 욕구를 충족시키기 위해서는 개인의 자율성, 공적 문제에 대한 참여, 수평적 커뮤니케이션, 다원화된 가치와 차이에 대한 인정, 개인 및 조직간 협력과 연대, 국가와 시장에 대한 감시, 강대국과 국가이기주의에 대한 견제가 필요하다. 정부와 기업은 이것을 충족시킬 수 없으며, 시민사회의 다양한 NGO들이 번성하여 협력과 연대를 통해 상호 연결될 때 비로소 가능하다. 따라서 현대사회에서 NGO의 존재와 인간이 자신의 능력을 최대한 발휘하고 정신적 영역까지 삶의 질을 확대하는 것은 밀접하게 관련되어 있다. 인간의 잠재력을 계발하고 정신과 육체를 아우르는 전체성을 획득하는 것이 NGO가 궁극적으로 추구하는 목표이기 때문이다.

▌질문과 토론

1 정보화가 계속 발달하여 대부분의 일을 인터넷을 이용하여 처리할 수 있다면 생활은 어떻게 바뀔까? 지금과 같이 대부분의 사람들이 아침에 회사로 출근하고 저녁에 집으로 퇴근하는 방식이 여전히 효율적일까? 그리고 선거철에 직접 투표장에 나가서 투표용지에 자신이 지지하는 후보자를 표기하는 것이 필요할까? 나아가 학생들이 매일 학교에 가서

책상에 앉아 수업을 받아야만 할까?

2 지구화가 제3세계의 오지까지 확대되고 있다. 예를 들어 약을 생산하는 초국적기업이 필리핀의 조그마한 섬에서 주민에게는 별로 쓸모가 없는 원료를 가져가서 수천, 수만 배의 이익을 남긴다고 하면, 이때 그 섬의 주민들은 원료를 채취하거나 이동하는 과정에서 단지 품삯을 받는 것 외에 어떠한 권리를 요구할 수 있는가?

3 앞으로 10년 후에 갑작스러운 기상이변으로 인해 계절이 뒤바뀌고 거대한 홍수가 일어날 가능성이 있는가? 만약 그렇게 된다면 국가는 어떠한 조치를 취할 수 있고, NGO는 어떠한 역할을 할 수 있을까? 예를 들어, 기상이변이 일어나서 후진국의 거대한 인구가 생존을 위해 선진국으로 이동을 하게 되면, 선진국은 어떠한 군사행동을 취하고 NGO는 어떤 대응을 할 수 있을까?

4 행복을 돈으로 살 수 있을까? 현재 당신이 가지고 있는 재산이 1억 원인데, 앞으로 10년 후에 100억 원을 벌게 되면 그 돈으로 무엇을 하려고 하는가? 그 때 고급 주택에서 살면서 비싼 옷을 입고 맛있는 음식을 먹으며 고급 승용차를 탄다고 더 행복할까? 그렇지 않다면 그 많은 돈을 자신의 정신적 가치와 자아실현을 위해 어떻게 사용할 것인가?

5 옷가게를 운영하면서 매일 아침 10시부터 밤 10시까지 일을 하는 20대 젊은이의 일과표를 작성해보자. 하루 일을 시작하고 끝내는 마음은 어떠할까? 이 젊은이가 일주일에 하루 정도 시간을 내서 돈을 버는 대신에 복지단체에서 봉사 활동을 하거나, 시민단체의 시민운동에 힘을 쏟는다면 가게 일을 하지 않아서 벌지 못한 돈에 상응하는 보람을 얻을 수 있을까?

NGO란 무엇인가 ■ ■ ■

이 장의 주요 개념 및 용어

제3섹터 모델, 비영리 섹터, 국가, 무임승차, 공공재, 시장, 시민사회, 사회자본, NGO의 개념, 유엔, 6월항쟁, 공익, 한국의 주요 NGO, 비영리단체, 민간단체, 공익단체, 집단이익추구단체, 시민단체. 민중단체, 관변단체, 사회단체, 시민사회단체

1. 사회구분 모델

사회란 도대체 무엇인가? 그리고 사회는 어떻게 구성되어 있는가? NGO의 개념을 규정하기에 앞서 우리가 살고 있는 사회가 어떻게 구성되어 있고, NGO는 어느 영역에 속하는 지 알아볼 필요가 있다. 특히, NGO의 정체성(identity)은 시민사회의 등장과 밀접하게 관련되어 있다. 따라서 시민사회의 구조와 작동원리에 대한 이해가 필요하다. 여기서는 사회구분 모델을 통해 사회를 세 개의 영역으로 구분하고, 각 영역의 이념과 작동원리에 대해 살펴보기로 한다.

1) 제3섹터 모델

사회란 다수가 모여서 공통의 이익을 추구하기도 하고, 자기이익을 극대화하기 위해 상호 갈등하기도 하는 인간 결합이다. 인간이 모여 사는 사회는 매우 복잡하고 여러 영역으로 구성되어 있다. 넓은 의미의 사회에는 정부, 의회, 법원, 기업, 시민난체, 종교단체, 정당, 노동조합, 언론기관 등 다양한 단체가 포함된다. 전통적으로 사회는 공적 영역과 사적 영역, 또는 국가와 시장으로 구분되었다. 그러나 20세기 후반에 국가와 시장 사이에 각종 비영리단체가 분출하고 시민사회 또는 비영리 섹터에 대한 재발견이 일어나자,

그림 1_ 제3섹터 모델

그림에서 섹터간의 이중선
은 경계가 애매모호하거나
양쪽의 성격을 가진 중간적
인 단체가 있다는 것을 의미
한다. 예를 들어, 공기업은
국가와 시장, 언론기관과 노
동조합은 시장과 비영리 섹
터, 정당은 국가와 비영리 섹
터의 중간에 위치한다.

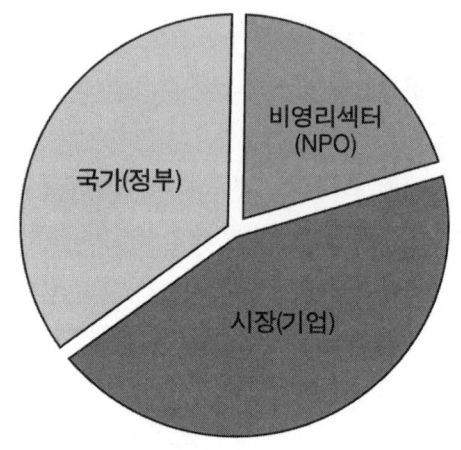

제3섹터 모델이 일반화되었다.

사회를 <그림 1>과 같이 국가, 시장(경제), 시민사회로
나눌 수 있다. 여기서 시민사회는 국가와 시장이 아닌 제3의
영역으로서 비영리 섹터(nonprofit sector), 독립 섹터(independent
sector), 자원 섹터(voluntary sector)라고 불리기도 한다. 정부가
국가를 대표하는 조직이고 기업이 시장을 대표하는 조직이
듯이, 비영리단체(NPO: nonprofit organization)는 시민사회 혹은
비영리 섹터에 있는 조직을 총괄해서 부르는 이름이다.

2) 각 섹터의 이념

국가, 시장, 시민사회는 비슷한 점도 있지만, 서로 다른
이념·조직원리·활동양식을 가지고 밀접하게 상호작용한
다. 여기에서는 각 섹터의 이념과 작동원리에 대해 간단하

국가는 강제력과 억압력을 사용하여 체제를 유지한다. 사진은 노동자의 시위현장에서 강제진압을 하고 있는 전투경찰(전경)의 모습.

게 살펴보기로 한다.

(1) 국가

국가란 일정한 영토와 그 영토 내의 주민을 독점적으로 지배하는 행정기구의 총합이라고 할 수 있다. 여기에는 좁은 의미의 행정부, 법원, 의회, 경찰, 군대, 감옥 등이 있으며 대체로 대규모의 위계적 관료제로 이루어져 있다. 국가는 체제 유지에 필요한 법률을 제정하고 집행하며 심판한다.

국가는 권력기관이자 공공 서비스 제공기관이라는 성격을 띠고 있다. 권력기관으로서 국가는 강제력을 가지고 국가 운영에 필요한 자원을 추출하고, 갈등을 심판하며, 사회 통제기능을 수행한다(예를 들어, 강제로 세금을 걷고 군인을 징병한다). 국가는 또한 공공 서비스 제공기관으로서 **무임승차**가 발생하는 각종 **공공재**를 생산하는 중요한 역할을 수행한다. 이 때 국가는 다수결의 원리에 따라 관료제에 의해 획일적 서비스를 제공한다. 이로 인해 소수자의 요구를 무시하게

무임승차(free-riding)

무임승차란 비용을 지불하지 않고 국방·치안·환경과 같은 공공재적 성격이 강한 공공 서비스 혜택을 누리는 것을 말한다. 넓은 의미로는 일정한 이득에 대해 그에 합당한 비용을 지불하지 않고 공짜로 획득하려고 하는 행위를 가리키는 말이다. 예를 들어 공기를 깨끗하게 하기 위해 사람들에게 돈을 걷는다고 할 때, 이것에 반대해서 돈을 내지 않은 사람도 돈을 낸 사람에 의해 공기가 깨끗해졌을 때 깨끗한 공기를 마시는 이익을 얻게 된다.

공공재란 사유재(private goods)에 대비되는 개념인데, 생산과 소비가 동시에 이루어지거나 축적되지 않고, 비배타성(nonexcluability)과 비경합성(non-rivalry)이라는 특성이 있는 재화나 서비스를 의미한다. 비배타성이란 비용을 지불하지 않은 사람을 소비로부터 배제할 수 없는 것을 말하고, 비경합성이란 다른 사람의 소비로 인해 나의 소비가 지장을 받거나 소비에서 얻는 효용이 감소하지 않는 것을 말한다. 예를 들어, 배를 소유한 사람이 비용을 들여 등대를 설치한다고 할 때, 돈을 내지 않은 사람이 항해 중에 등대를 이용하는 것을 막을 수 없다(비배타성). 그리고 어떤 배가 등대를 이용한다고 해서 다른 사람이 등대를 이용하는 데 방해가 되지는 않는다(비경합성). 어떤 재화가 공공재인지 여부는 절대적이지 않지만, 국방·치안·환경·등대와 같은 것들이 여기에 속한다.

되고, 경제적으로 비효율적일 수 있으며, 외부 변화에 신축적으로 적응하지 못하는 경직성을 띠게 된다.

(2) 시장

시장은 수요와 공급에 따라 상품 생산과 가격이 결정되고, 경제주체끼리 자발적으로 재화와 서비스를 교환하는 사회제도이다. 아담 스미스(Adam Smith) 이래로 시장은, 개인이 사적 이익을 추구하더라도 '보이지 않는 손'에 의해 사회 전체에 최상의 결과를 가져오고, 공공선(public good)을 실현할 수 있는 장으로 간주되었다.

시장은 경쟁과 효율성의 원칙을 통해 자원을 배분하고 인간 생활에 필요한 각종 상품과 서비스를 생산하는 유용한 장치이다. 더구나 시장은 현대사회와 같이 개인의 선호가 다양하고 사회가 복잡한 경우, 각 개인이 필요로 하는 재화와 서비스를 제공하는 데 적절하다. 그러나 케인즈(John Keynes)가 주장하는 바와 같이, 시장은 자원을 효율적으로 배분하는 데 한계가 있고 불평등과 같은 윤리적 문제를 안고 있다. 시장은 인간의 필요가 아니라 소비자의 구매력에 의해 측정되는 수요에 대응하는 메커니즘(mechanism)이기 때문에, 가난한 사람의 필요에 무관심하다. 그리고 이윤 추구를 목표로 하기 때문에 기회주의적으로 행동하거나 환경을 파괴하기도 한다.

(3) 시민사회

시민사회는 체제유지를 목적으로 하는 국가, 이윤 추구를

표 1_ 각 섹터의 특성 비교

영역	주요 기능	작동원리
국가	대외적 안전, 질서유지, 공공 서비스 생산	강제와 명령, 계층화, 다수결, 획일성
시장	상품과 서비스의 생산과 교환	이윤 추구, 경쟁, 효율성, 실적주의
시민사회	국가와 시장 견제, 복지 서비스 생산, 사회통합과 문화적 재생산, 사회자본 생성	자율, 참여, 연대, 신뢰, 공동체, 형제애(봉사, 관용, 포용), 윤리와 도덕, 생태주의

목적으로 하는 시장과 구분되는 제3의 영역으로서, 다양한 단체들이 활동하고 있다. 여기에는 비영리병원, 사립학교, 복지관, 박물관, 미술관, 환경단체, 여성단체, 종교단체, 직능단체, 친목단체 등이 있다. 다양한 단체가 뒤섞여 있지만 다양성과 차이를 인정하는 관용을 중시한다.

시민사회는 권력과 이윤에 의해 작동하는 국가나 시장과는 달리, 자율·참여·연대의 가치를 지향하며 공동체문화를 중시한다. 시민사회는 시민의 자발적 참여를 중시하고 공동체의 이익을 추구하며, 자원봉사활동(voluntary activity)이 활발하고 다원적 가치가 통용된다. 그리고 협력하는 문화가 발달되어 있고 공생의 논리가 존중되며, 조직 형태가 상대적으로 수평적이고 국제적 차원까지 연대가 확대된다. 서로 존중하고 서로에 대한 친밀감이 강하며, 사회적 약자나 환경에 대한 관심이 높다. 또한 새로운 것을 발견하고 실험하는 것을 장려함과 동시에 전통적 가치나 믿음을 보존하고 전승하는 것도 가능하다. 신비감, 종교, 비술, 전통, 취미, 놀이와 같은 정신적 탐사와 오락도 대부분 시민사회 영역에서 이루어진다.

3) 각 섹터간의 관계

국가·시장·시민사회의 상호관계는 고정적이거나 어느 한쪽이 일방적으로 영향을 주는 관계가 아니다. 삼자는 밀접하게 상호작용하고 역동적인 관계를 맺고 있다. 각 섹터는 서로 영향을 미치면서 갈등을 겪기도 하고 서로 이념과 역할을 공유하기도 한다.

국가와 시장의 관계에서 국가는 각종 정책을 통해 규칙을 제정하고 시장 질서를 확립한다. 그런가 하면 시장에서 생산할 수 없는 공공재를 생산하고 상품 구매와 공적 투자를 통해 시장이 활성화되도록 돕는다. 시장은 국가 재정에 필요한 세금을 내고 국가가 필요로 하는 각종 상품과 서비스를 생산한다.

국가와 시민사회의 관계에서 국가는 각종 법률과 규칙을 통해 시민사회를 통제하거나 여론을 조성한다. 그런가 하면, 공공 서비스 생산을 위임하고 자금을 지원한다. 시민사회는 여론형성을 통해 국가의 지배정당성을 뒷받침한다. 그리고 국가가 위임하거나 무시한 각종 공공 서비스를 생산하여 국가의 목적에 협력한다. 한편, 시민사회는 국가에 압력을 행사하여 국가권력을 감시하고 견제한다.

시장과 시민사회의 관계에서 시장은 시민사회에 일정한 의식을 형성한다. 예를 들어 사립학교에 자금을 지원하고 시장논리를 요구하거나, 전경련(전국경제인연합회)과 같은 조직을 직접 만들어 대기업의 이익을 대변하기도 한다. 시장은 또한 시민사회가 필요로 하는 상품을 생산하고 기부금을

그림 2_ 국가, 시장, 시민사회의 관계

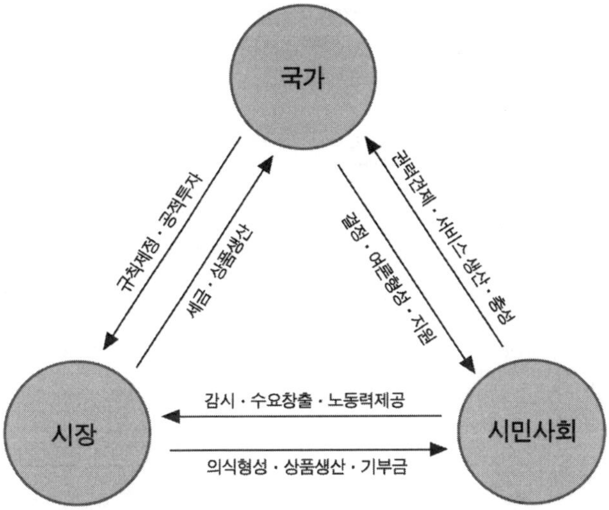

제공한다. 시민사회는 시장에 의한 환경파괴와 불량상품 감시 등을 통하여 소비자의 권리를 보호한다. 물론 시민사회는 시장의 상품과 서비스를 소비하는 영역으로서 수요를 창출하기도 하며, 나아가 대학이나 연구기관과 같이 시장에 필요한 노동력과 새로운 기술을 제공하는 역할도 한다.

2. NGO의 개념 정의

NGO(nongovernmental organization)란 도대체 무엇인가? NGO에 대한 개념 규정은 국가와 시대마다 다르고, 개인에 따라서도 다르다. 여기서는 NGO의 개념에 대해 구체적으로 살펴보기로 한다. 먼저 NGO라는 용어가 발생하게 된 배경을

살펴보고, NGO의 개념을 외국과 한국의 경우로 나누어서
정의해보도록 한다.

1) NGO 개념의 발생

(1) UN의 결성과 NGO

국제사회에서 NGO 개념이 발생하게 된 것은 유엔의 출
현과 밀접한 관련이 있다. 물론, 유엔의 설립 이전에도 NGO
는 있었다. 1838년에 영국에서는 노예제도에 반대하는 반노
예협회(British Anti-Slavery Society)가 설립되었고, 1864년에 결성
된 세계적십자사(Red Cross)가 중립을 원칙으로 하여 인도적
인 활동을 하였다. 그리고 1892년에 시에라클럽(Sierra Club)이
미국에서 결성되어 환경운동을 시작했고, 영국의 아동구제
기금(Save the Children Fund)이 1919년에 설립되어 제1차세계대
전 후에 고아가 된 아동을 보호하는 활동을 하였다. 또한
옥스팜(OXFAM: Oxford Committee for Famine Relief)은 나치 정권
하에서 동맹국의 봉쇄 때문에 기아에 허덕이는 그리스인을
돕기 위해 1942년에 영국에서 설립되었다. 그러나 그 당시
에는 이러한 단체를 NGO라고 부르지 않았다.

NGO라는 개념이 공식적으로 나타난 때는 1945년에 유엔
이 창설되면서부터이다. 1945년 4월 미국 샌프란시스코에서
세계 50개국 대표들이 모여 유엔 창설을 논의할 때, NGO
대표들도 참여해서 국제평화를 구축하기 위한 노력을 하였
다. 그 대표적인 성과물이 유엔 헌장의 인권조항이다. 미국의
NGO를 중심으로 한 NGO 대표들은 세계평화를 위해 유엔

헌장에 인권조항을 삽입하도록 압력을 가해 이를 관철시켰
다. 이 때 NGO는 정부대표들이 모인 유엔에서 정부가 아니라
는 이유로 단순히 비정부조직(nongovernmental organization)으로
불렸다.

이후 NGO라는 용어는 유엔 헌장 제10장 제71조에서 공식
적으로 언급되었다. 이 때 NGO는 정부 이외의 조직으로서
국가주권의 범위를 벗어나 사회적 연대와 공공의 목적을
실현하는 자발적 공식조직을 의미하였다.

(2) 6월항쟁과 한국의 NGO

한국에서 NGO라는 개념이 보편적으로 사용된 것은
1987년 6월항쟁과 밀접한 관련이 있다. 물론, 서구사회와
마찬가지로 한국에서도 NGO라는 개념이 발생하기 이전에
도 NGO는 존재하였다. 예를 들면, 1896년 설립된 독립협
회, 1903년에 종교단체로 시작한 YMCA, 1905년에 설립된
대한적십자사, 1906년에 설립된 신민회, 1913년에 설립된
흥사단, 1927년에 조직된 신간회 등은 민간인이 중심이 되
어 계몽운동, 구호활동, 교육운동 등을 전개하였다. 따라서
지금 우리가 NGO라고 규정하는 범주에 포함시킬 수 있다.
그러나 NGO가 본격적으로 분출하고 이에 대한 개념을 서
구사회로부터 적극적으로 수용한 때는 1987년 6월항쟁 이
후이다.

1987년 6월항쟁은 한국 시민사회의 발달에 커다란 획을
긋는 사건이었다. 군부정권을 굴복시키고 이후 민주화가 진
행됨에 따라 표현의 자유, 언론·출판의 자유, 집회·결사의

유엔 헌장 제71조의 내용은
다음과 같다. "유엔의 경제
사회이사회는 그 관할영역
내의 문제와 관련하여 비정
부조직과 협의할 수 있는
약정을 맺을 수 있다. 그러
한 약정은 국제 비정부조
직, 그리고 필요한 경우 해
당 유엔 가맹국과의 협의에
의해 국내 비정부조직과도
맺을 수 있다."

원문은 다음과 같다.
"The Economic and
Social Council may make
suitable arrangements for
consultation with non-
governmental organ-
izations which are con-
cerned with matters within
its competence. Such ar-
rangements may be made
with international organ-
izations, and where ap-
propriate, with national
organization after con-
sultation with Member of
the United Nations con-
cerned."

한국에서 NGO는 1987년 6월항쟁 이후에 급속하게 분출되었다. 사진은 6월항쟁 당시 국민운동본부가 주최하는 '호헌철폐 독재타도' 시위에 참가하기 위하여 출정식을 하고 있는 한 대학의 집회장면이다.

1987년 6월항쟁

6월항쟁이란 6·29 선언을 이끌어낸, 독재정권에 대한 1987년의 전국적 시민저항을 말한다. 1979년 10월 박정희 대통령이 살해된 이후 민주화를 위한 희망이 생겼으나, 전두환을 비롯한 신군부 세력이 1979년 12월에 쿠데타를 일으켜 권력을 장악한다(12·12 사태). 신군부 세력은 1980년 5월 광주에서 민주주의를 염원하는 시민의 요구를 총칼로 묵살하고 수많은 인명을 살상하였다(5·18 민주화운동). 이후 대학을 중심으로 군부독재를 타도하기 위한 시민적 저항이 계속된다. 1987년 6월 10일(당시 집권당이었던 민정당의 차기 대통령선거 후보를 지명하는 날), 시민들은 국민운동본부를 중심으로 서울을 비롯한 전국에서 군부독재에 저항하는 격렬한 시위를 벌였다. 잇따른 격렬한 시위는 6월 29일, 노태우(민정당 대통령선거 후보자)가 대통령 직접선거를 비롯한 각종 민주화조치를 발표함으로써 일단락되었다.

자유가 보장되었다. 6월항쟁을 통해 독재정권의 억압 사슬이 걷히고 시민사회의 자율적 공간이 확보되자, 시민들은 단체를 결성하여 국가권력을 감시하고 사회개혁을 촉진하기 위한 적극적인 활동을 개시하였다. 2004년 현재 2만 개에 달하는 한국 NGO 중에서 90% 이상이 1987년 이후에 설립되었다.

1987년 6월항쟁 이전에는 시민사회에 있는 각종 단체를 관변단체와 민중단체로 나누었다. 그리고 여기에 포함시키기 어려운 단체를 사회단체라고 불렀다. 그러나 민주화가 진전됨에 따라 관변단체에 대한 비판이 일어나고, 소련과 동구 유럽의 사회주의체제 몰락으로 민중단체에 대한 지지가 하락하였다. 따라서 관변단체처럼 정부에 종속적이지도 않고 민중단체처럼 사회주의를 추구하지도 않는, 온건한 방법으로 국가권력을 견제하고 자본주의 모순을 극복하기 위해 활동하는 많은 단체가 발생하였는데, 이를 시민단체라고 하였다.

6월항쟁 이후 민주화 과정에서 급속하게 분출한 시민단체는 나중에 서구사회에서 수입한 NGO라는 개념과 중첩된다. 한국에서 NGO라는 용어가 공식적으로 언제부터 나타났는지는 불확실하다. 6월항쟁 이후 본격적인 시민단체인 경실련(경제정의실천시민연합)이 1989년에 창립되었는데, 경실련의 발기문과 창립선언문에는 NGO라는 용어가 없다. 따라서 NGO라는 용어는 1992년 리우 환경개발회의 이후, 1993년 비엔나 세계인권회의, 1994년 카이로 인구개발회의, 1995년 코펜하겐 사회개발정상회의와 베이징 세계여성대회 등 각종 NGO 국제대회가 소개되면서 국내로 유입되었다고 볼 수 있다(1999년에는 세계NGO대회가 서울에서 열렸다). 그리고 다른 국가와는 달리 NGO라는 용어는 국내에서 이미 사용하고 있던 시민단체라는 개념과 거의 같은 것으로 쓰이게 되었다.

2) NGO의 개념 정의

NGO라는 개념은 1980년대 이후, 전 세계적으로 급속하게 확산되었다. 그렇지만 NGO의 개념이 전 세계적으로 똑같다든가, 한 국가 내에서 개념을 가리키는 범주가 명확한 것은 아니다. 여기서는 외국과 한국으로 나누어 NGO의 **실체적 개념**(substantive concept)을 정의해보도록 하겠다.

실체적 개념 정의

개념을 정의하는 여러 가지 방식 중 하나로서, 실체적 개념은 어떤 용어에 대해 연구자가 임의로 결정하는 것이 아니라, 현실에서 일반인들이 실제로 규정하고 있는 것을 기술하는 개념이다.

(1) 외국의 NGO

NGO는 시민사회에 있는 다양한 단체 중 하나이다. 시민
사회에 있는 단체를 지칭하는 용어로서 NGO 외에 NPO
(non-profit organization), VO(voluntary organization), PVO(private
voluntary organization), CSO(civil society organization), 제3섹터(the third
sector) 등이 있다. 미국에서는 비영리단체와 제3섹터가 가장
많이 쓰이고, 영국을 포함한 영연방국가들은 전통적으로 자
원조직(VO)이라는 용어를 주로 사용한다. 유럽에서는 국가
마다 다양하게 비영리단체, 시민사회단체(CSO), 자원조직이
라는 개념이 혼용된다. 일본은 NPO와 NGO라는 용어를 주
로 사용한다. NGO는 전 세계적으로 통용되고, 특히 권위주
의정권에 도전하여 민주화운동을 추진한 제3세계에서 많이
사용되고 있다.

NGO가 전 세계적으로 가장 많이 쓰이고 있지만, 국가마
다 쓰이는 방식이 다르고, 한 국가 내에서도 쓰임에 일치를
보지 못하고 있는 것이 현실이다. 미국이나 일본에서 NGO
는 NPO의 일부로서, 환경·개발·인권·평화·여성권리·구
호(救護)와 같은 공익을 추구하는 자발적 결사체, 특히 국제
원조에 참여하는 단체를 가리키는 말로 쓰인다. 유럽의 국
가들은 NGO를 좁게 보아 전문 영역에서 국가를 상대로 정
책 변화를 추구하고 시민의 권리를 옹호하는 정치적 단체로
보거나, 후진국 개발 및 국제 원조에 참여하는 각종 결사체
로 본다. 그러나 NPO처럼 비영리병원, 대학, 복지관, 종교단
체, 직능단체 등을 포함시켜 넓은 의미로 보기도 한다. 제3
세계에서 NGO는 독재정권에 저항하여 민주화를 추진하고

그림_3 한국 NGO의 개념도

국가권력을 견제하는 시민사회의 정치적 단체를 지칭하거
나, 선진국의 원조를 받아 사회개발을 추진하는 민간단체를
의미한다.

(2) 한국의 NGO

NGO는 한국의 자생적 개념이 아니라 외국에서 들여온
개념이기 때문에 개념 정의에 혼란이 있다. NGO를 주로
비정부기구 또는 비정부조직으로 번역하는데, '시민단체'
로 번역하는 것이 더 정확하다.

한국에서 통용되는 NGO의 실체적 개념에는 다음 네 가
지 조건이 포함된다. 첫째, 시민들의 자발적 참여이다. NGO
는 가치를 공유하는 시민들이 지향하는 목표를 달성하기

위해 자발적으로 모여서 구성한 단체이다. 물론, 인터넷상에서만 회원이 존재하는 단체도 포함된다. 둘째, 회원 가입에 배타성이 없어야 한다. NGO는 시민사회 내의 다른 이익집단과는 달리 누구나 회원으로 가입하여 활동할 수 있어야 한다. 셋째, 주로 자원봉사활동에 의해 사업을 수행한다. NGO에는 일정한 수의 상근자가 있을 수 있지만, 관료화된 직원에 의해 사업을 수행하는 것이 아니라 회원이나 자원봉사자의 자원활동에 의해 사업을 수행한다. 넷째, 공익을 추구한다. 실제로 공익이라는 개념은 보는 사람에 따라, 국가와 시대에 따라 다르기 때문에 명확하게 정의하기 어렵지만, 근본적으로 NGO는 사회 구성원 불특정 다수나 사회적 약자의 이익을 지향한다. 따라서 단체회원의 집단이익 실현을 주요 목표로 하는 이익집단과는 다르다.

이렇게 네 가지 조건을 충족시키는 NGO를 '비정부·비정파·비영리 결사체로서 시민의 자발적 참여로 결성되고, 회원 가입에 배타성이 없으며, 주로 자원활동에 의해 공익 추구를 목적으로 하는 단체'로 규정할 수 있다.

<표 2>는 한국의 주요 NGO를 20개 영역으로 구분한 것이다. 물론, 하나의 단체가 한 영역에서만 활동하는 것은 아니다. 전국적인 NGO 협의체로는 서울에 본부를 두고 있는 한국시민사회단체연대회의가 있다.

표 2_ 한국의 주요 NGO

활동 영역	주요 단체
환경	환경운동연합, 녹색연합, 환경정의시민연대, 풀꽃세상을위한모임
인권	인권운동사랑방, 민주화실천가족운동협의회, 한국정신대대책협의회
평화·통일	우리민족서로돕기운동, 평화를만드는여성회, 민족화해협력범국민협회
여성	한국여성단체연합, 여성민우회, 한국여성의전화연합, YWCA
예술·문화	문화연대, 두레문화기행, 여성문화예술기획, 책사랑회, 또물또
교육·연구	참교육을위한전국학부모회, 학벌없는사회를위한모임, 민족문제연구소
정치문화	공명선거실천시민운동협의회, 정치개혁시민연대, 의회를사랑하는사람들
의료	사랑의장기기증운동본부, 새생명찾아주기운동본부, 생명나눔실천회
청소년·아동	흥사단, 청소년을위한내일여성센터, YMCA, 청소년폭력예방재단
복지 일반	한국백혈병어린이재단, 자비의집, 장애우권익문제연구소
소비자권리	소비자문제를연구하는시민의모임, 한국소비자연맹, 녹색소비자연대
권력감시	참여연대, 반부패국민연대, 민주언론시민운동연합, 행정개혁시민연합
자원봉사	볼런티어 21, 곰두리차량봉사대, 녹색어머니회, 한국국제기아대책기구
경제정의	경제정의실천시민연합, 함께하는시민행동, 한국납세자연맹
노동	외국인노동자의집, 한국노동청년연대, 부천노동문화센터
교통	녹색교통운동, 어린이교통안전연구소, 범국민자전거생활진흥회
공동체	열린사회시민연합, 다일공동체, 한살림공동체, 평화마을, 한두레
국제협력	굿네이버스, 월드비전, 지구촌나눔운동, 글로벌케어, 좋은벗들
대안사회	대안연대회의, 나무를심는사람들, 미내사클럽, 새문명아카데미
기타	청년네트워크 21, 기독교윤리실천운동, 해비타트 한국지부

3. 유사개념과의 차이

시민사회에는 NGO와 속성이나 범주가 비슷한 많은 단체들이 있다. 앞서 살펴본 바와 같이 NPO, VO, PVO, CSO, 제3섹터 등이 있다. 그리고 한국에서는 NGO와 비슷한 개념으로서 비영리단체, 제3섹터, 민간단체, 공익단체, 시민단체, 사회단체, 시민사회단체, 민중단체, 관변단체, 직능단체, 이익집단 등 다양한 용어가 사용되고 있다. NGO가 이들 개념과 어떻게 다른지를 구별하는 것은 NGO의 개념을 명확히 하는 데 중요하다. 여기서는 외국의 경우와 한국의 경우를 나누어서 살펴보기로 한다.

1) 외국의 경우

시민사회에서 결성되어 활동하는 단체는 <표 3>에서 보는 바와 같이, 다양한 이름을 가지고 있다.

미국에서 비영리단체는 정부와 기업을 제외한, 자체의 관리절차를 가지고 어떤 공공 목적에 봉사하는 단체를 말한다. 비영리단체는 비영리병원과 사립학교에서부터 탁아소, 고아원, 박물관, 오케스트라, 종교단체, 환경단체, 전문가단체, 사교클럽 등 광범위하다. 이것은 제3섹터와 같은 의미이다. 약간의 차이가 있지만 비영리단체의 의미는 유럽에서도 미국과 비슷하다. 반면 일본에서 비영리단체의 개념은 매우 복잡하다. 넓은 뜻으로는 미국의 개념과 비슷하게 정부와 기업을 제외한 시민사회의 모든 조직을 의미하지만, 좁은

뜻으로는 주로 자발성과 독립성을 가진 시민활동단체나 자
원봉사단체를 말한다. 시민운동을 하는 사람에게 NPO는 주
로 후자를 의미한다. 특히, 소위 NPO법이라고 하는 「특정비
영리활동촉진법」에 의해 설립된 법인을 말한다. 그러나 제3
섹터는 미국처럼 NPO와 같은 의미가 아니라, 지방정부와
기업이 공동출자한 공사혼합기업을 말한다.

　자원조직(VO)은 유럽, 특히 영국에서 많이 사용된다. 자원
조직은 복지국가가 발달한 유럽에서 자원봉사활동을 통해

표 3_ NGO 관련 용어표

NPO(nonprofit organization)	비영리조직
NGO(nongovernmental organization)	비정부조직
BONGO(business-organized NGO)	기업설립 NGO
DONGO(donor-organized NGO)	원조자설립 NGO
GONGO(government-organized NGO)	정부설립 NGO
INGO(international NGO)	국제 NGO
QUANGO(quasi NGO)	유사 NGO
CBO(community-based organization)	커뮤니티 기반조직
CSO(civil society organization)	시민사회조직
CVO(community voluntary organization)	커뮤니티 자원조직
GRO(grass-roots organization)	풀뿌리조직
MBO(membership organization)	회원중심조직
PBO(public benefit organization)	공익조직
PSC(public service contractor)	공공 서비스 용역기관
PVO(private valuntary organization)	사적자원조직
VO(voluntary organization)	자원조직

각종 복지 서비스를 제공하는 민간단체를 말한다. 사적자원조직(PVO)은 미국에서 많이 사용되고 있는데, 시민사회에서 자원봉사활동을 통해 각종 원조활동을 하거나 서비스를 제공하는 자발적 결사체를 말한다. 범주상 NPO보다는 좁은 개념임에 틀림없다. PVO는 NGO와 비슷하거나 좁은 개념으로 사용되고 있다.

최근에는 NGO라는 말의 부정적 어법(non-)과 소극적 이미지를 극복하기 위해 시민사회단체(CSO)라는 말이 많이 사용되고 있다. 세계은행(World Bank)의 개념규정에 의하면, CSO는 국가와 개인 사이의 각종 기관과 결사체를 포함한다고 되어 있다. 즉, 노동조합, 여성단체, 재단, 기업협회, 전문가협회, 미디어, 싱크탱크, 상조회, 협동조합, 지역 풀뿌리조직, 종교단체, 대학, 스포츠 단체, 예술문화단체 등을 포함한다. 그야말로 어원적 의미 그대로 시민사회에 있는 모든 단체를 포함하고 있다. 그러나 실제로는 비영리병원, 사립학교, 복지관과 같은 기관형 조직을 제외하기 때문에 NPO보다는 좁은 개념이다. 그러나 노동조합, 재단, 종교단체 등을 포함하기 때문에 NGO보다는 넓은 개념이다.

2) 한국의 경우

한국에서는 비영리단체가 시민사회 안에서 가장 넓은 의미의 개념으로 쓰이며, 미국의 개념과 비슷하다. 즉, 국가와 시장이 아닌 비영리 섹터에서 공공의 목적에 봉사하거나 조직 구성원의 공동이익을 추구하는 모든 단체를 말한다.

한국의 비영리단체를 단체의 목적, 조직유형, 활동영역 및 기능에 따라 분류하면 <표 4>와 같다. 제3섹터는 주로 미국처럼 비영리단체와 같은 의미로 사용된다.

민간단체는 비영리단체 중에서 정부지원을 받으면서 정부와 밀접한 관계를 가지고 있는 비영리병원, 사립학교, 복지관 등을 제외한 단체라고 할 수 있다. 따라서 민간단체는 비영리단체보다는 좁은 개념이고, NGO보다는 넓은 개념이다. 공익단체는 공익을 추구하는 단체로 <표 4>에서 집단이익추구단체(mutual benefit)에 상대되는 개념이다. 한국에서 종교단체가 공익단체에 속하는지는 애매하기 때문에 공익단체와 집단이익추구단체의 중간에 위치시켰다. 미국에서

표 4_ 한국 비영리단체(NPO)의 분류

구분			주요 단체
목적	조직유형	활동영역·기능	
공 익 단 체	기 관 형 조 직	의료·보건단체	종합병원, 정신병원, 요양원
		교육·연구단체	초등·중등·고등 사립학교, 직업학교, 연구소
		복지 서비스 단체	양로원, 탁아소, 고아원, 직업훈련소, 복지관, 모자보호소, 청소년수련원
		예술·문화단체	박물관, 미술관, 극장, 오케스트라, 레크리에이션 단체, 문학가 집단
	회 원 조	시민단체	환경보호단체, 소비자권리보호단체, 여성권리옹호단체, 국제원조단체, 모금단체
		종교단체	불교·기독교·천주교 등 각종 종교단체
집단이익 추구단체	직	직능단체	상공회의소, 전경련, 변호사협회, 의사협회
		친목단체	컨트리클럽, 동창회, 향우회, 화수회, 상조회

시민단체는 민중단체와는 달리 주로 합법적 공간에서 국가권력을 감시하고 시민권리를 옹호하는 활동을 한다. 사진은 집시법의 엄격한 규제를 피하기 위해 1인시위를 하는 모습. 빨간 카드는 국가보안법에 반대한다는 의미이다.

는 주로 종교단체를 공익단체로 분류한다.

시민단체, 민중단체, 관변단체는 비슷한 차원(level)에 있지만, 설립목적이나 활동방식이 다르다. 시민단체는 시민이 주체가 되어 각종 시민운동을 전개하고 공공선을 증대하는 단체로서 NGO와 같은 의미이다. 민중단체는 기층 민중이 중심이 되어 분배 문제 등 계급적 이슈를 제기하고, 궁극적으로는 자본주의에서 사회주의로의 체제변혁을 지향하는 단체이다. 각종 노동자단체, 농민단체, 빈민단체들이 이러한 성격을 강하게 띠고 있다. 관변단체는 군부권위주의 정권 시대에 정부의 주도적 역할에 의해 설립되어 재정의 상당한 부분을 정부 지원에 의존하고, 단체의 사업과 조직에

정부의 간섭을 받는 단체를 말한다. 과거에 새마을운동중앙
협의회, 바르게살기운동중앙협의회, 한국자유총연맹, 자율
방범대, 청소년선도회 등을 관변단체로 불렀으나, 오늘날에
는 시민단체와 큰 차이가 없다. 시민단체도 정부로부터 재
정 지원을 받고 정부와 협력하여 공동으로 사업을 추진하기
때문이다.

　사회단체는 아직 사용되고 있기는 하지만 점점 사라지고
있는 용어이다. 사회단체는 대체로 시민단체 혹은 NGO보

표 5_ 시민사회 내 각종 단체의 비교

단체	주요 특징	다른 단체와 비교
NPO	시민사회 내에서 공익을 추구하거나 공동 이익을 추구하는 단체	시민단체의 모든 단체를 포괄하고 제3섹터와 같은 의미
민간단체	시민이 만들어 각종 영역에서 활동하는 단체	NPO 중에서 정부와 긴밀한 단체는 제외
공익단체	공익을 추구하는 단체	집단이익 추구단체에 대비되는 개념
시민단체	시민들이 자발적으로 결성하여 공익을 추구하는 결사체	NGO와 거의 같은 의미
민중단체	민중적 주체성을 가지고 체제변혁을 이루기 위해 만든 단체	시민단체에 비해 계급 지향적
관변단체	정부 주도로 설립되어 재정 지원을 받고 체제유지에 협력	시민단체에 비해 정부 종속적
사회단체	사회변혁을 지향하는 진보적 단체	NGO보나는 진보적이고, 민중단체보다는 넓은 의미
시민사회단체	시민사회 내의 각종 자발적 결사체	좁게는 시민단체와 비슷하고, 넓게는 민간단체와 비슷
이익집단	정부에 대한 영향력 행사를 통해 집단이익 추구	시민단체와 대비되는 개념

다 넓은 의미이다. 신문에서는 시민사회단체라는 용어도 많이 사용하는데, 이것은 영어의 CSO를 번역한 것으로서 대체로 NGO나 시민단체와 비슷한 의미이다. 이익집단이라는 용어도 있는데, 한국에서는 매우 좁은 의미로, 대체로 정부에 영향력을 행사하여 집단이익을 추구하는 단체를 말한다. 이익집단의 대표적인 단체가 <표 5>의 직능단체이다.

■ 질문과 토론

1 국회의원들이 국회에서 국가의 장래를 걱정하고 정책을 개발하는 대신에 싸움질을 하거나, 지역주의 발언을 하거나, 극우적인 발언을 하는 이유는 무엇일까? 결국 시민이 국회의원을 뽑고 권력을 부여하는데, 그런 국회의원이 다음 선거에서 낙선된다고 해도 계속 그러한 행동을 할까? 그런 국회의원이 다음에 또 당선되는 이유는 무엇인가?

2 NGO의 간사는 TV 기자와 인터뷰를 하면서 얼굴을 내놓고 자유롭게 이야기한다. 그런데 공무원은 얼굴 모습을 보이지 않고 다리만 내놓고 인터뷰를 하는 이유는 무엇인가? 어떤 공무원이 인터뷰를 한 내용이 자신의 상관인 국장·차관·장관의 마음에 들지 않으면 어떤 문제가 발생할까?

3 당신이 어떤 한의원을 찾아가서 진찰을 받았다고 하자. 한의사가 진맥을 짚어보고는 고개를 갸우뚱하면서 한달 먹는 데 20만 원 하는 보약을 몇 달 먹어야겠다고 처방을 내렸다. 이때 한의사의 진심은 당신의 건강을 걱정하는 것일까, 아니면 보약을 팔아서 돈을 버는 것일까? 당신은 이러한 처방을 내린 한의사의 심리를 어떻게 분석하고 어떻게 대처하는가?

4 서울 어느 고등학교의 학생들이 모여 만든 단체가 야간이나 주말에 근처에 있는 대학의 강당을 빌려서 세미나를 하거나 연극 연습을 하려고 한다. 단체의 대표가 대학의 담당자를 찾아가서 이야기했더니 예약 상황을 점검해보지도 않고 강당 사용을 거절하였다. 이 때 비영리단체인 대학의 경영자 시각에는 어떤 문제가 있고, 당신이 이 학생단체의 대표라면 어떻게 논박할 것인가?

5 한국이든 미국이든 똑같은 단어로 NGO를 표현하는데, 개념의 범주와 의미에 차이가 있는 이유는 무엇인가? 어떤 개념을 정의할 때 단어의 어원을 그대로 따라 정의하면 안되는 이유는 무엇인가? 예를 들어, 시민(市民)은 도시에 살고 있는 사람만 가리키는 것이 아니고, NGO(nongovernmental organization)는 정부가 아닌 모든 조직을 가리키는 용어가 아닌 이유는 무엇인가?

NGO의 발생과 역할 ▪▪▪

1. NGO의 발생 원인

정부가 사회질서를 유지하고 기업이 필요한 상품과 서비스를 생산하는데, 정부도 기업도 아닌 비영리단체는 왜 생겨나는 것일까? 비영리단체 중에서 특히, 시민사회에서 가장 역동적인 NGO는 왜 만들어지는 것일까?

1) NGO는 왜 발생하는가

▶ 누구나 쉽게 만들 수 있다 : 전문 지식 없이 일반적인 상식만으로도, 나이·성·직업·재산에 관계없이 가치를 공유하는 사람만 있다면 누구나 쉽게 NGO를 만들 수 있다. 특별한 법적 요건을 갖추어야 하거나 어려운 기술이 필요하지 않다. 특히, 인터넷과 같은 새로운 장이 크게 도움이 된다.

▶ 상호 만남의 공간이다 : 사람들은 언제, 어디서든 서로 만나서 대화하기를 원한다. NGO는 바로 가치를 공유하는 사람이 만나는 공간이다. NGO는 아버지와 아들, 어머니와 딸, 할아버지와 손녀, 할머니와 손자가 함께 활동할 수 있는 곳이기도 하다. 그리고 정부나 기업을 통하지 않고서도 국제사회의 다양한 사람과 다양한 방식으로 접촉할 수 있다.

▶ 자신의 의견을 표출할 수 있다 : NGO는 개인의 의견

을 공공적으로 표현할 수 있는 대표적인 매체이다. 방송·언론·공청회 등에서 의견을 표명할 수 있는 개인은 대부분 전문가로 국한되어 있다. 그러나 NGO는 보통 사람이 공동행동을 통해 자신의 신념을 주장하고 때로는 관철시킬 수 있는 곳이다.

▶ 리더십을 경험할 수 있다 : NGO는 누구나 쉽게 조직할 수 있기 때문에 스스로 소규모 단체에서 리더십을 직접 발휘하고 경험할 수 있다. 특히, 여성, 소수인종, 소수종교 신봉자 등 사회에서 소외된 사회적 약자나 소수자가 리더십을 학습하고 경험할 수 있는 열려진 공간이다.

▶ 다양한 방식으로 참여할 수 있다 : NGO는 조직형태와 참여방식이 무척 다양하다. 지도자나 상근자로 참여하는 것 외에도 회원으로 활동하거나, 기부금만 제공할 수도 있다. 자원봉사자로 활동할 수도 있고, 폭넓은 경험을 위해 인턴십을 할 수도 있다.

▶ 대의명분이 강하다 : NGO는 자발적 참여를 통해 다른 사람이나 사회전체의 이익을 위해 활동한다. 따라서 시장영역에서 단순히 자신의 이익을 위해 활동하는 것과는 달리, 대의를 위한 활동이라는 자긍심을 가질 수 있고 헌신적 활동에 대한 정치적 지지를 얻을 수 있다.

▶ 가치를 지향하는 삶을 경험할 수 있다 : NGO에서는 물질적인 것에 집착하는 생활을 넘어 정신적이고 가치 지향적인 삶을 경험할 수 있다. 따라서 거리에서 혼자 피켓을 들고 일인시위를 하고 있어도 백화점에서 쇼핑을 하는 것보다 더 값지고 의미 있는 삶을 경험한다.

NGO의 발생은 사회적 약자나 소수자의 권리 보호와 밀접하게 관련되어 있다. 사진은 한국의 대표적 여성 NGO인 여성민우회가, 명절날 부엌일을 남자와 여자가 공평하게 나누어서 하자고 주장하는 퍼포먼스를 시행하는 모습. 여성단체에서는 그동안 명절날 부엌일을 여성이 모두 떠맡아 과로에 시달려왔다고 주장한다.

▶ 독특한 방식의 삶의 세계를 형성할 수 있다 : NGO라는 공간을 벗어나서는 사회적 약자나 소수자가 자신이 원하는 집단적 삶을 경험하기가 쉽지 않다. 그러나 NGO에서는 장애인, 소수인종, 동성애자, 에이즈 환자, 희귀병 환자, 알코올 중독자, 병역거부자, 북파공작원, 전과자, 특수한 동물과 식물을 좋아하고 특수한 버릇을 가진 사람들이 같이 활동하면서 자신만의 독특한 삶의 세계를 형성할 수 있다.

2) NGO의 발생 이론

같은 NGO라고 해도 목표, 조직형태, 기능, 활동영역 등이 너무나 다양하기 때문에 NGO의 발생 원인을 일률적으로 규정하기는 어렵다. 여기서는 크게 두 가지로 나누어서 NGO의 발생 이론을 살펴보기로 하겠다.

(1) 시장실패와 정부실패

시장은 경쟁을 통하여 자원을 효율적으로 배분하고 생활에 필요한 각종 상품과 서비스를 싼 가격에 제공한다. 그러나 시장은 무임승차 문제로 인해 국방·치안·위생·환경과 같은 공공재를 제공하는 데 한계가 있다. 그리고 기업이 이익을 추구하는 과정에서 공해나 환경파괴와 같은 문제를 초래한다. 무엇보다도 시장은 소득을 공평하게 분배할 수 없고, 이윤이 발생하지 않는 분야에는 투자하지 않는다. 따라서 시장은 사회에 반드시 필요한 공공재와 서비스를 생산할 수 없기 때문에 **시장실패**가 일어난다. NGO는 시장에서 생산하지 않지만 꼭 필요한 서비스를 생산하기 위해 발생한다.

시장이 우리 생활에 필요한 재화와 서비스를 생산할 수 없을 때 NGO가 생겨나서 그 문제를 해결한다고 하지만, 한계가 있다. 따라서 시장실패를 극복하기 위해 주로 정부가 개입한다. 정부는 시장이 제공하기 어려운 공공재를 생산할 수 있는 유효한 기구이다. 그런데 정부가 개입하여 문제를 해결하려고 했으나 오히려 나쁜 결과를 초래하거나, 시민이 바라는 다양한 서비스를 생산하지 못할 경우 **정부실패**가 일어난다. 정부는 다수결의 원리, 획일성의 원리, 관료제의 원리에 의해 운영되기 때문에 효율적으로 공공재를 생산하기 어렵고, 국민의 다양한 욕구를 충족시키는 데 한계가 있다. 특히, 사회적 약자나 소수자가 원하는 서비스를 제공하기 어렵다. 예를 들어, 정부는 에이즈 환자와의 성접촉을 통해 환자 수가 늘어날 우려가 있는 부분에만 신경을

시장실패
(market failure)

시장실패는 고전경제학 모델의 불완전경쟁 상태에서 자원배분이 효율적으로 이루어지지 않는 것을 말한다. 대체로 공공재 생산의 곤란, 소득분배의 불공평성, 환경파괴와 같은 현상을 말한다.

정부실패
(government failure)

정부실패는, 시장실패가 발생했을 때 정부가 개입하여 후생경제학에서 말하는 복지사회를 이룩하려고 했으나 오히려 더 나쁜 결과를 초래한 것을 말한다. 그러나 넓게 본다면, 국민이 바라는 서비스를 정부가 실제로 제공하지 못하는 것을 말한다.

쓰고 환자의 인권에 대해서는 별로 관심을 갖지 않는다. 이와 같은 정부의 한계 때문에 각종 사회 그룹은 자신이 원하는 서비스를 생산하기 위해 NGO를 만든다.

(2) 권력과 자본의 견제

인간은 홉스(Hobbes)가 말하는 "만인의 만인에 대한 투쟁"인 **자연상태**를 극복하기 위해 국가를 만들었다. 그러나 국가는 체제를 유지하고 질서를 잡기 위해 억압력과 강제력을 행사하게 된다. 예를 들어, 국가는 시민에게 세금을 걷고 (징병제 국가에서는) 강제로 성인 남자를 군대에 징병한다. 이것은 절대군주가 통치하는 국가에만 해당하는 것이 아니라, 민주주의 국가에서도 마찬가지이다. 예를 들어, 미국 경찰은 불법행위에 대해 한국 경찰보다 훨씬 강력하게 대응한다. 국가의 억압과 강제로 인해 국민의 인권이 유린되거나 국가권력이 부패하는 일이 발생하게 된다. 따라서 국가권력을 사회적으로 통제할 필요가 있다. 인권 옹호, 부정부패 감시, 권력집중 방지 등의 방법으로 국가권력을 견제하기 위해 각종 NGO가 발생한다. 국제사회에서는 국가이기주의나 강대국의 힘을 견제하기 위해 각종 국제 NGO가 생겨난다. 미국의 이라크 침략에 반대하는 각종 NGO의 발생을 예로 들 수 있다.

자본주의체제에서 자본은 이윤을 추구하고 이윤극대화의 원리에 따라 움직인다. 즉, 사회전체의 이익이나 윤리는 크게 고려하지 않고 이윤이 많이 남는 곳에 돈이 따라간다. 따라서 자본의 논리에 의해 작동되는 시장에는 불평등, 비

자연상태
(state of nature)

자연상태란 국가설립 이전에 강제적이고 합법적인 지배기구가 존재하지 않는 무정부상태를 말한다.

도덕성, 환경파괴와 같은 사회적 문제가 발생한다. 정부가 규칙을 제정해서 기업 병리를 감시하고 조정하지만 그 효과에는 한계가 있다. 오히려 정부가 국민 전체보다는 소수 기업의 이익을 대변하는 경우도 있다(이라크 전쟁을 주도한 미국의 부시 행정부 배후에 대기업이 영향력을 행사하고 있다는 보도가 많이 있었다). 따라서 NGO는 경제정의 실현, 기업 감시, 소비자 보호와 같은 역할을 수행하기 위해 생겨난다. 각종 소비자단체의 등장을 예로 들 수 있다. 더구나 지구화의 진행과 더불어 세계자본은 마음대로 국경을 드나들면서 약소국의 경제를 파괴하기도 한다. 지구화된 오늘날에는 선진국의 자본이 한국의 주식을 샀다가 남북 긴장이 고조되어 일시에 빠져나갈 경우 한국의 금융시장이 공황에 빠지게 될 수도 있다. 이러한 세계자본을 견제하고 지구화를 올바로 견인하기 위해 각종 국제 NGO가 발생한다.

2. NGO의 발달 배경

국가와 시장 사이, 또는 국가와 개인 사이에는 다양한 집단이 존재한다. 그 중에서도 자율성·공공성·자원(自願)성·개방성·연대성·국제성 등의 이념을 지향하는 NGO의 발달은, 정보사회의 출현, 인터넷의 발달, 참여욕구의 폭발, 삶의 질에 대한 관심 증대와 밀접한 관련이 있다. NGO는 21세기에도 더욱 성장할 것으로 보이는데, 여기서는 NGO의 발달 배경을 세계적 차원과 한국적 차원으로 나누어 살펴보기로 하겠다.

1) NGO의 전 세계적 발달 배경

국제사회에서는 1970년대 이래로 무수하게 많은 NGO가 분출해서 환경·인권·평화·여성·문화·교육·청소년·빈곤 등 여러 분야에서 활동하고 있다. 지난 수십 년 동안 NGO는 정부와 기업에 비해 상대적으로 빠른 성장을 했고, 시민들의 인지도와 정부 및 기업에 대한 영향력에서 커다란 발전을 이룩하였다. 이렇게 1970년대 이후, 특히 1990년대 이후에 전 세계적으로 NGO가 급속하게 성장하게 된 배경으로 다음과 같은 몇 가지를 들 수 있다.

(1) 민주주의의 전 세계적 확산

300년 전만 해도 민주주의는 잘못된 정치제도라고 생각되었다. 이미 권력을 잡고 있는 지배계층은 국민이 주인인 민주주의가 발달하면 권력과 재산을 잃을지도 모른다고 걱정하였다. 이러한 생각은 1980년대까지 권위주의 정권이나 공산주의체제에 의해 운영되던 제3세계나 동유럽에서도 마찬가지였다. 그러나 1980년대에 시민적 저항에 의해 남미와 아시아의 군부 권위주의가 붕괴되고 민주주의가 싹트기 시작하였다. 한국도 1987년 6월항쟁 이후 군부정권이 쇠퇴하기 시작하였다. 그리고 1990년대에 들어와서 동유럽에서는 공산정권이 하루아침에 도미노처럼 무너지고 민주주의 정치체제가 급격하게 도입되었다. 이러한 민주주의의 확대는 기존의 국가권력과 정부의 권한을 제한하는 대신, 개인이 자신의 의사를 자유롭게 표출하고 다양한 결사체가 결성하는 데 기여하였다. 그리고 민주주의가 제도화됨에 따라 시민들은 점차 정부의 정책과정에 참여하기를 원하였다. 따라서 가치를 공유한 사람들은 각자 자기가 원하는 목적을 달성하기 위해 각종 NGO를 결성하였다.

(2) 국가기능과 역할의 변화

1930년대 대공황 이후, 그리고 1945년 제2차세계대전 종결 이후 선진국에서는 **복지국가**가 급속도로 발달하였다. 정부의 재정과 조직은 확대되고 권력은 중앙으로 집중되었다. 그러나 복지국가는 1970년대 오일쇼크 이후 생산성 증가율의 하락, 중앙집권적 관료조직의 비효율성, 국민국가 조정 시스템의 한계 등으로 인해 위기를 맞게 된다. 이후 신보수주의가 득세하고 지구화와 맞물려 신자유주의가 주류로 등장하였다. 신자유주의 이념에서는 정부의 권한이 축소되고, 각종 정부의 역할이 기업이나 비영리단체로 위임된다. 이 과정에서 국가를 대신하여 공공 서비스를 생산하거나 각종 사회문제를 해결하는 NGO도 늘어나게 되었다.

(3) 개인 욕구의 다양화

1980년대 이후 서구 선진국은 거의 **후산업사회**에 접어들었다. 서비스업이 증가하고, 지식과 정보가 중요한 자원으로 등장하였으며, 전 지구적 네트워크와 시민의식이 발달하였다. 사회는 자율적이고 다원적이며 복합적인 특징을 띠게 되었고, 개인은 다양한 정보로 무장하고 과거보다 뛰어난 능력을 소유하게 되었다. 이 속에서 개인은 위계조직에 순

복지국가
(welfare state)

간단하게 말해서 복지국가란, 국민의 복지 향상을 중요한 책임과 의무로 간주하는 국가를 말한다. 좌파와 우파가 보는 시각에 차이가 있지만, 자본주의와 민주주의를 전제로 하고 모든 국민이 안전한 삶을 누릴 수 있도록 최소한의 전국적 수준의 복지를 책임지는 국가이다.

후산업사회
(post-industrial society)

후산업사회란 17세기와 18세기 서구사회에서 시작된 산업사회 이후의 사회로서, 서구사회에서는 제2차세계대전 이후에 출현한 사회형태를 말한다. 탈산업사회나 후기산업사회라고도 하고, 지식과 정보를 중요한 가치로 여긴다는 점에서 정보사회라고 부르기도 한다.

응하거나 획일적인 상품과 기호에 만족하지 않는다. 자신의 욕구에 맞는 다양하고 수준 높은 삶을 원한다. 단적으로, 동성애를 통해 알 수 있듯이 이제 사랑도 반드시 남녀간에만 이루어진다고 할 수 없다. 따라서 다양한 시각과 가치를 가진 사람들은 각자 조직을 만들어 자신의 욕구를 충족하게 되었다. 이러한 경향은 사회적 약자나 소수자에게 더욱 두드러지는 현상이다. 한국에서는 장애인, 에이즈 환자, 희귀병 환자, 병역거부자, 북파공작원 등의 모임을 예로 들 수 있다. 이들이 구성하는 조직은 대부분 NGO이다.

(4) 전 지구적 문제의 등장

현대사회가 이전 사회와 크게 다른 것 중의 하나는 지구화라고 할 수 있다. 경제·정치·군사·문화 등 사회의 전 영역에 걸쳐 하나의 지구촌이 형성되면서, 인간 생활과 관련된 각종 문제는 전 지구적 의제로 등장하게 되었다. 환경·인권·평화·여성·소비자·긴급구호 등과 같은 각종 문제를 예로 들 수 있다. 중동지역에 전쟁이 일어나고, 유럽에서 기상이변으로 홍수가 나고, 아프리카에서 가뭄으로 사람이 죽어가는 것은 이제 남의 이야기가 아니다. 이러한 문제는 바로 우리 자신의 경제 생활이나 문화 생활과 직결된다. 하지만 이러한 문제들은 개별 국가나 유엔에서 독자적으로 해결하기 어렵다. 따라서 이러한 전 지구적인 문제를 전 세계의 시민들이 스스로 해결하기 위해 NGO를 결성하고 국제적으로 연대하게 되었다. 이 때 NGO는 개별 국가나 유엔과 밀접하게 협력하기도 한다.

오늘날 NGO의 성장은 인터넷의 발달과 밀접하게 관련되어 있다(사진은 참여연대의 홈페이지). 한국의 대표적 NGO인 참여연대는 인터넷으로 100만 명의 서명을 받아 휴대폰 요금을 20% 인하하는 운동을 벌여 성공시킨 적이 있다.

(5) 교통·통신기술의 발달

사람들이 의견을 나누고 교류하기 위해서는 통신 매체가 필요하고 교통이 원활해야 한다. 1950년대 이후 교통기술의 발달과 1980년대 이후 통신기술의 급속한 발달은 각종 NGO가 성장하는 데 커다란 힘이 되었다. 오늘날 전화나 팩스뿐만 아니라 인터넷의 광범위한 보급으로 인해, 국가적 수준뿐만 아니라 지구적 수준에서도 상호 정보교류와 조직화가 한층 더 쉬워지게 되었다. 그리고 교통이 발달함에 따라 서로 더 쉽게 만날 수 있게 되었고 국제회의도 빈번해지게 되었다. 특히, 인터넷을 통해 조직을 만들고, 회의를 하고, 사업을 수행하는 사이버 NGO도 활발하게 활동하고 있다.

2) 한국 NGO의 발달 배경

한국 사회에서도 1980년대 후반 이후 각종 영역에서 NGO가 폭발적으로 분출하여 권력을 감시하고, 정책 변화를 요구하며, 시민의 권리를 옹호하고 있다. 이러한 경향은 1960년대 이후 지속된 경제발전, 교육 확대와 시민의식 증대, 독재정권에 대한 저항 등 한국 현대사의 변화 양상과 관련된 것이지만, 무엇보다도 1987년 6월항쟁 이후의 정치적 민주화와 밀접한 관련이 있다.

(1) 정치적 민주화

1987년 6월항쟁 이전만 해도 우리는 기본적인 권리를 누리지 못하였다. 그러나 국민의 저항에 의해 군부정권이 무너짐에 따라 시민들은 표현의 자유, 언론·출판의 자유, 집회·결사의 자유를 갖게 되었다. 그리고 그동안 군부정권에 의해 억압되었던 개인 권리에 대한 의식이 싹트게 되었고, 국가의 중요한 정책과정에 대한 참여 욕구가 분출하였다. 따라서 가치를 공유한 시민들은 공동의 목적을 달성하거나 국가권력을 견제하기 위해 각종 NGO를 결성하게 되었다.

(2) 자본주의의 발달

NGO가 발달하기 위해서는 어느 정도 경제적·시간적 여유가 있는 중산층이 형성되어야 한다. 생계유지에 급급한 사람이 NGO 활동에 관심을 갖거나 적극적으로 참여하기는 현실적으로 어렵기 때문이다. 한국 자본주의는 1960년대부터 본격적으로 발달하기 시작해서 1980년대에 크게 성장하였다. 이러한 자본주의의 발달에 힘입어 NGO를 이끌어갈 중산층이 형성되었다. 일정 수준의 교육을 받고, 경제적 능력과 시간적 여유가 있는 중산층은 각종 NGO에 가입해서 적극적으로 활동하였다. 그리고 자본주의가 발달함에 따라 생활이 풍요해지자, 부의 분배와 같은 물질적 가치 외에도 인권·평화·환경·문화와 같은 탈물질적 가치에도 관심을 갖게 되었다(1990년대에 들어와서 이러한 탈물질적 가치를 추구하는 다양한 NGO가 발달하였다). 한편, 자본주의의 발달로 인해 빈부격차, 재벌독점과 같은 모순이 발생하자, 이러한 모순을 치유하기 위한 NGO도 함께 생겨나게 되었다.

(3) 뛰어난 리더십

1970~1980년대의 민주화운동 과정에서 많은 시민운동 지도자가 배출된 것도 1987년 이후 NGO가 발달하는 데 크게 기여하였다. 독재정권에 저항해서 민주화운동에 참여했던 사람들이 독재정권이 퇴진하자 각종 시민운동에 적극적으로 참여하여 단체를 결성하고 지도하였다. 1990년대 이후 NGO에서 활동하고 있는 시민운동가 중 많은 사람들은 과거에 독재정권에 저항하여 민주화운동을 했던 사람들이었다. 독재정권에 항거한 경험을 가진 지도자들은 국가를 견제하고 사회를 개혁하기 위해 NGO를 만들고 리더십을 발휘하였다. 1990년대 이후 대학에서 학생운동이 급속하게 쇠퇴했음에도 불구하고 시민운동이 지속될 수 있었던 것은, 바로 이러한 민주화운동 지도자의 헌신 때문이라고 할 수 있다.

(4) 사회의 분화와 전문화

1990년대에 들어서 한국 사회도 후산업사회적 성격을 띠게 되면서, 사회의 분화와 전문화가 확대되었다. 사회의 기능과 가치가 분화되고 개인의 욕구가 다양해졌으며, 직업은 더욱 전문화되고 다양한 직종이 생겨나게 되었다. 사람들은 이렇게 다양화된 사회에서 자신이 지향하는 가치를 표출하고 같은 의견을 가진 사람끼리 세력을 형성하기 위해 각종 NGO를 결성하였다. 사회구조의 분화와 전문화에 따라 계급을 초월하는 성·세대·직업·지역에 따른 갈등도 늘어났다. 그런데 정부의 갈등조정능력에는 한계가 있기 때문에 각종 전문분야에서 NGO가 직접 대안을 제시하고 문제를 해결하기 위해 결성되었다. 한편 사회가 분화되고 전문화됨에 따라 기존의 NGO도 다양하게 분화되었다. 예를 들어, 환경단체의 경우 핵발전소 건립 반대, 쓰레기 분리수거, 샛강 살리기, 바다 보존, 야생화 보호와 같은 세부영역으로 분화되었다.

(5) 지구화·정보화·지방화

지구화로 인해 국제교류가 활발해지고 국제적인 이슈에 대한 공동대응이 늘어났다. 다양한 국제적 이슈에 대해 민간영역에서 자발적으로 참여하는 것이 선호됨에 따라 한국 사회에서도 NGO가 발달하게 되었다. 특히, 북한·연변·연해주 등지에 거주하는 한인 교포와 관련된 문제를 해결하기 위한 NGO가 많이 늘어났다. 한국 사회는 지난 수십 년간 세계에서 가장 빠른 속도로 정보화를 이루었다. 전화, 팩스, 인터넷의 발달은 NGO의 활동을 용이하게 하였다. 심지어 사이버상에서만 활동하는 각종 사이버 NGO가 급속하게 늘었다. 그리고 1990년대에 들어와서 본격적으로 지방자치가 실시됨에 따라 지방 정체성이 중시되고 지방 경제와 지방 문화의 발달에 대한 관심이 늘어났다. 따라서 작은 권리를 찾고 삶의 질을 높이기 위한 소규모 NGO가 지방에서 늘어나게 되었다.

3. NGO의 주요 기능

1) 견제기능

NGO의 주요한 기능 중의 하나는 국가와 시장을 감시하고 견제하는 것이다. 국가는 강제력과 독점력을 가지고 있어서 국민을 억압하고 부패하는 경향이 있고, 시장은 이윤추구를 지향하면서 기회주의적으로 행동하고 환경파괴를 초래할 개연성이 높다. NGO는 이러한 국가와 시장의 힘을 견제하여 사회개혁을 추진하고 시민권리를 보호하는 기능을 한다. 즉, NGO는 인권을 탄압하는 국가권력을 견제하고, 부정부패를 감시·고발하며, 은폐된 국가의 감시체계와 폭력구조에 저항한다. 그리고 다양한 방식을 통해 기업의 환경파괴, 소비자권리 침해, 각종 불공정한 거래를 감시하고, 필요할 경우 상품의 불매운동까지 벌인다.

2) 복지기능

오늘날 복지국가가 발달함에 따라 시민의 안정된 생활을

위한 국가의 역할이 강화되었다. 그러나 국가는 재정에 한계가 있고 조직이 비효율적이며 소수자의 복지를 소홀히 하는 경향이 있다. 현대인은 양질의 다양한 복지 서비스를 요구하지만, 거대한 관료제에 의해 운영되는 정부가 이러한 욕구를 충족시킬 것이라고 기대할 수는 없다. 따라서 NGO는 정부와 일정한 계약을 맺어 재정 지원을 받거나, 자체적으로 재정과 인력을 확보해서 정부가 제공하지 못하거나 소홀히 하는 각종 사회 서비스를 제공한다. NGO의 복지기능에는 재난구호, 빈곤구제, 소비자권리 옹호, 미혼모 상담, 에이즈 환자 보호 등이 있다.

3) 대변기능

다원주의 사회에서는 다양한 가치의 표출과 공존이 가능하지만, 세력이 강한 거대조직의 의견이 정책과정에 큰 영향을 미치게 된다. NGO는 사회적 약자의 이익을 옹호하는 정체성을 띠고 있기 때문에 자칫 소외되기 쉬운 이들의 이익을 대변한다. 사회적 약자를 보호하는 것은 정부의 중요한 기능이지만, 이를 수행하는 데는 한계가 있다. NGO는 사회적 약자나 소수자의 권익을 보호하기 위해 로비를 하거나 입법청원을 시도한다. 그리고 정부위원회나 공청회에 참여해서 사회적 약자의 이익을 대변하기도 한다. 서구사회에서 노예해방운동, 여성해방운동, 아동권리운동, 인종차별반대운동 등은 NGO가 주도해왔다. 한국에서도 NGO는 여성, 장애인, 노인, 청소년, 아동, 동성애자, 에이즈 환자, 알코올 중독자, 병역거부자, 북파공작원, 재소자 등 사회적 약자와 소수자의 권익을 위해서 활발하게 활동하고 있다.

4) 조정기능

사회가 분화되고 전문화되면서 현대사회에는 개인의 욕구가 다양해지고 개인과 집단 간의 갈등도 빈번하다. 집단간의 갈등은 원래 정부가 국민을 대표해서 조정하거나 중재한다. 그러나 정부는 갈등집단으로부터 신뢰를 받지 못하고 중재능력에도 한계가 있다. NGO는 공익을 추구하는 대의명분을 가지고 있고 상대적으로 신뢰도가 높으며 구조적으로 커뮤니케이션·협력·신뢰와 같은 사회자본(social capital)이 풍부하기 때문에, 갈등조정자로서 일정한 역할을 할 수 있다. NGO는 정부와 정부, 정부와 이익집단, 이익집단과 이익집단 간의 분쟁이 발생할 때 조정자로 나서서 일반 시민의 이익을 옹호하려고 노력한다. 타이완의 핵폐기물을 북한으로 반입하려는 시도를 우리나라의 환경운동연합과 국제 환경 NGO인 그린피스(Greenpeace)가 조정하였고, 1995년 한약분쟁 때 한의사와 약사 간의 분쟁을 경실련이 조정한 사례가 있다.

5) 교육기능

NGO는 시민이 스스로 만든 단체로서 다른 단체와 연대해서 각종 사회문제를 해결한다. NGO에 가담하여 활동하는 과정에서 개인은 참여정신·공익정신·비판정신과 같은 시민정신(civility)을 학습한다. 그리고 집단 활동을 통해 토론의 기술, 협력하는 문화, 개인권리의식, 봉사정신 등을 배우게 된다. 또한 NGO 활동 과정에서 중요한 정보를 획득하고 리더십을 학습하며, 상호존중과 관용의 정신을 배우게 된다. 즉, NGO 활동은 바로 다원적 가치, 공동체정신, **참여민주주의**를 학습하고 배양하는 실천현장이라고 할 수 있다. NGO 활동은 공교육이나 가정의 틀 밖에서 민주적인 삶을 배우는 학교인 셈이다. NGO는 시민운동을 전개하는 것 외에 시민대학, 청소년학교, 청년 포럼, 여성 아카데미, 환경 캠프 등과 같은 각종 기획 프로그램을 통해 체계적으로 민주시민교육을 실시하기도 한다.

참여민주주의

참여민주주의란 대의민주주의의 한계를 극복하기 위해 등장한 정치제도이다. 사회구성원이 단지 대표를 선출해 모든 권한을 위임하는 것이 아니라, 공동체의 이익과 관련된 각종 의사결정과정에 적극적으로 참여해서 의견을 제시하고 영향력을 행사하는 것을 강조한다.

4. NGO의 사회적 역할

앞에서 말한 5가지 주요 기능 외에도 NGO는 민주주의와 자본주의체제에서 중요한 여러 가지 사회적 역할을 수행한다. 여기서는 국내사회와 국제사회로 나누어서 살펴보기로 한다.

1) 국내사회에서 NGO의 역할

(1) 민주주의의 발전
NGO는 민주주의의 원리를 강화하고 민주주의를 현장에서 생생하게 실천하는 역할을 한다. NGO 활동을 통해 개인은 주권의식을 가질 수 있다. 그리고 NGO 활동을 통해 사회에 의한 국가 통제가 이루어진다(민주주의란 사회가 국가권력을 통제할 때 가능하다). 다양한 영역에서 다양한 NGO가 결성되어 이슈를 제기하고, 정책 과정에 참여해서 정보를 제공하거나 의견을 표명한다. 이것은 민주주의 사회에서 다원적 가치를 보존하고 시민의 참여를 활성화하는 방법으로서 매우 중요하다. 더구나 대의민주주의에서 사회적 약자는 정책 과정에 참여할 기회가 거의 없다. 사회적 약자가 모인 NGO나 사회적 약자의 이익을 주장하는 NGO는 정책 과정에 참여해서 약자의 이익을 대변한다. 이것은 민주주의 사회의 중요한 가치인 사회적 안정과 통합에 기여한다. 사회적 약자가 자신의 이익을 대변할 수 없거나 정책 과정에서 배제될 때, 과격한 행동이 발생하고 충돌과 대립이 일어난다.

NGO가 활발하게 활동한다는 것은 사상과 표현의 자유, 언론의 자유, 집회·결사의 자유가 보장되는 것을 의미한다. 그리고 이 과정에서 개인간의 의견 차이에 대한 관용과 공존이 가능하게 된다. 활발한 토론과 연대를 통해 다양한 가치가 공존함으로써 사회갈등이 완화되고 안정이 유지될 수 있다. 그리고 NGO는 정부나 기업에서 별로 관심을 보이지 않지만 민주주의 발전에 중요한, 인권·평화·환경·여성·문화 등에 대한 가치를 중시하고, 이에 대한 가치가 정책 과정에 수렴되도록 하는 역할을 한다. 그리고 독창적이고 창의적인 아이디어를 실험하고 새로운 가치와 윤리를 개발하는 역할을 한다. 이것은 민주주의의 쇠퇴를 방지하고 정부의 혁신을 유도한다.

(2) 자본주의 모순의 완화

NGO는 자본주의의 모순을 완화하고 극복하는 데 일정한 역할을 한다. 자본주의는 시장경제에 기초하고 있는데, 일찍이 아담 스미스가 언급한 바와 같이, 시장경제에서는 국가가 개입하지 않아도 개인의 욕구에 따라 생산이 자연스럽게 이루어진다. 그러나 국가의 간섭 없이 시장이 완전히 자유방임적으로 움직인 사례는 역사상 존재하지 않는다. 이것은 시장이 자기 파괴적인 모순을 드러내고 있기 때문이다. 자본주의 시장경제에는 자율·규칙·경쟁·투명만 있는 것이 아니라, 독과점, 거대자본의 힘, 투기, 미래에 대한 불투명이 횡행한다. 이러한 경향은 **신자유주의** 아래에서 더욱 심화된다. NGO는 자본주의 사회에서 발생하는 불공정한 거래, 대기업의 독점, 부(富)의 세습, 노동자 착취, 삶의 상품화 등을 비판하고 견제한다.

자본주의가 경제성장과 개인 의식의 발달을 통해 물질적 풍요와 NGO의 성장에 기여한 것은 사실이다. 그러나 자본주의 사회에서 물질주의와 소비주의가 인간 행동을 지배하여 정신적 가치가 쇠락하거나, 예술과 문화 부문이 질적 발전을 이루지 못하거나, 인간의 자원봉사활동이 쇠퇴할 우려가 있다. 따라서 인간의 자율성과 도덕적 가치를 지향하는 NGO는 자본주의의 이러한 한계를 인식하고 정신적 가치와 인간의 자발성을 방어하고 고무시키는 역할을 한다. 그리고 자본주의 사회에서 흔히 발생하는 빈부격차, 환경파괴, 강자의 횡포 등을 견제하여 자본주의가 초래하는 비인간적이고 불평등한 양상을 완화하고 보완하는 역할을 한다.

신자유주의

1970년대 후반 미국과 영국에서 등장한 시장근본주의와 보수주의적 정치 이데올로기. 시장지상주의, 작은 정부, 정부개입 반대를 지향하기 때문에 시장개방, 규제철폐, 정리해고, 민영화 등을 초래한다. 19세기에 등장한 자유주의가 상대적으로 진보적이었던 것에 비해, 20세기 후반 이후의 신자유주의는 보수적 성격이 강하다. 따라서 기득권층의 이익을 옹호하고, 자유주의와는 달리 독과점과 기업합병을 인정하거나 묵인한다.

(3) 사회자본 축적

NGO는 사회자본 축적에 중요한 역할을 수행한다. 사회자본이란 물적자본과 인적자본에 상대되는 개념이다. 물적자본이란 화폐로 전환되는 토지·건물·기계 등이고, 인적자본은 인간이 교육을 통해 획득한 지식·기술·관리능력 등을 의미한다. 이에 비해 사회자본은 개인이나 집단간에 발생하는 규범·신뢰·협동·공동체정신과 같은 특성을 말한다. 현대사회에서 이러한 **사회자본**은 조직 내에서 사람들의 결속을 증가시킨다. 그리고 사회자본이 발달할수록 각종 사회문제를 해결하기 위해 시민들끼리 서로 활발하게 협력하게 되고, 이는 경제발전에도 유리하게 작용한다. 예를 들어, 서로 믿지 못하는 사회는 거듭되는 확인을 위한 부가 장치가 필요한데, 이로 인해 비용이 늘어나고 비용이 늘어나면 경쟁력이 떨어질 수밖에 없다. 따라서 신뢰가 높은 사회일수록 경제발전에 유리하다.

NGO는 시민의 자발적 참여에 의해 결성되어 자원활동을 통해 각종 사회문제를 해결하는 단체이다. NGO는 개인의 자율성, 활발한 커뮤니케이션, 상호존중과 관용, 공동체정신, 협력과 연대의 문화, 도덕성과 투명성과 같은 각종 사회자본이 풍부하게 생성되는 곳이다. NGO가 발달하지 않은 사회에서는 국가가 강제적으로 사회문제를 해결해야만 하는데, 그렇게 하면 개인은 사회문제에 무관심하거나 냉소적으로 대하게 된다. 그러나 NGO가 활성화되면 사람들은 정부 활동에 관심을 가지고 공동체의 발전에 실천적으로 참여하며, 민주시민으로서의 책임을 다하려고 노력한다.

사회자본
(social capital)

사회자본이란 인적자본(사람이 가진 기술, 경영능력, 리더십)이나 물적자본(건물, 기계, 설비)에 상대되는 개념으로서 개인과 집단 상호간의 관계에서 발생하는 특성을 말한다. 신뢰, 협력, 공동체정신 등이 여기에 해당한다.

2) 국제사회에서 NGO의 역할

(1) 인권의 수호자

국제사회에는 강제력을 가진 세계정부나 국제법이 존재하지 않고 힘의 논리와 자국이익 우선의 원칙이 관철된다. 따라서 강대국의 영향력이 커질 수밖에 없다(미국이 세계 여론의 반대에도 불구하고 이라크 침략을 강행한 것도 바로 이 때문이다). 그리고 지구화가 진전됨에 따라 거대한 초국적기업의 영향력이 증대하였다. 이 와중에 유엔이 강대국을 견제하고 약소국을 보호하면서 세계평화와 복리를 유지하려고 하지만, 한계가 있다. 미국의 이라크 침략전쟁은 유엔의 반대에도 불구하고 일어났다. 그렇게 되자 각종 NGO들이 생겨나서 유엔과 협력하거나, 세계적 연대를 구축하여 **지구 시민사회**를 형성하고 있다. 이를 통해 강대국 중심의 힘의 정치와 국가이기주의를 비판하고 세계평화와 약소국의 이익을 옹호한다. 그리고 전 세계적 네트워크를 통해 초국적기업에 의한 제3세계 국민의 착취나 환경파괴를 견제한다. 지구화에 반대하는 각종 시민운동을 그 예로 들 수 있다.

세계에는 아직도 절반에 달하는 국가들이 비민주적인 정치제도를 유지하고 있다(아시아·아프리카·남아메리카 등에 다양한 형태의 권위주의국가가 존재하고 있다). 이들 국가에서는 비밀경찰의 감시, 재판 없는 구금과 살인, 여성 권리 박탈, 아동 노동 착취 등 다양한 형태의 인권유린이 발생한다. 버마의 아웅산 수지 여사 구금, 아프리카 독재국가들에서 발생한 주민 살해, 인도의 기업에 의한 아동 착취, 중동 국가의

지구 시민사회
(global civil society)

지구 시민사회란 시민사회가 지구적인 규모로 확장되어 시민사회 내의 다양한 행위자들이 상호 교류하고 연대하는 상황을 말한다. 지구 시민사회가 형성됨에 따라, 불평등·빈곤·질병·인권·환경·평화·자연재해 등에 관해 전 세계의 결사체가 네트워크를 형성하고 공동대응하고 있다.

여성 권리 제한, 북한의 주민 이주 금지, 이라크에서 미군의 민간인 살해 등 무수한 인권유린 사례가 있다. NGO는 이에 대한 정보를 제공하고, 국제여론을 조성하며, 현장에서 인권감시활동을 한다. 그리고 유엔이나 관련 국가에 압력을 행사하여 인권이 개선되도록 촉구하기도 한다. NGO는 이러한 활동으로 **노벨 평화상**을 받기도 하였다.

(2) 인도적 원조자

민주주의의 발달과 확산, 과학기술의 발달, 의료기술의 진전에도 불구하고 세계 곳곳의 주민은 아직도 각종 전쟁과 분쟁, 기아, 자연재해, 질병의 고통에 시달리고 있다. 전쟁이나 정권의 탄압에 의해 수십, 수백만 명의 난민이 발생하는가 하면, 가뭄이나 홍수로 인해 흉년이 들고, 만성적 빈곤이 세계의 여러 지역에 도사리고 있다. 그리고 지진·홍수·태풍·산불과 같은 자연재해로 인해 수많은 이재민이 발생한다. 간단하게 치료할 수 있는 질병도 약품을 구입할 수 없어서 죽어가고, 화학무기나 첨단무기의 사용으로 인한 질병도 계속되고 있다. 이러한 문제에 직면한 개별 국가는, 원초적으로 한계가 있거나 재정 부족과 같은 구조적 문제 때문에 무력한 모습을 보이고 있다. 유엔이나 세계은행이 이러한 문제를 해결하기 위해 일정한 역할을 하고 있으나, 현장활동이나 성과에는 커다란 한계가 있다. NGO는 독자적으로 각종 구호활동을 벌일 뿐만 아니라, 유엔이나 각종 국제기구의 훌륭한 파트너가 되어 직접 현장에서 구호활동을 전개한다. 오늘날 개별국가나 유엔은 NGO를 비롯한 각종 자원

NGO의 노벨 평화상 수상

일찍이 국제사면위원회(AI: Amnesty International)가 각국의 인권개선에 기여한 공로로 1977년 노벨 평화상을 받았고, 대인지뢰금지운동(ICBL: International Campaign to Ban Landmines)이 지뢰의 위험성과 피해 상황을 알리고 대인지뢰금지협약을 탄생시킨 공로로 1997년 노벨 평화상을 받았다. 그리고 국경없는 의사회(MSF: Medecines Sans Frontieres)가 수십 년 동안의 인도적 구호활동을 인정받아 1999년 노벨 평화상을 수상하였다.

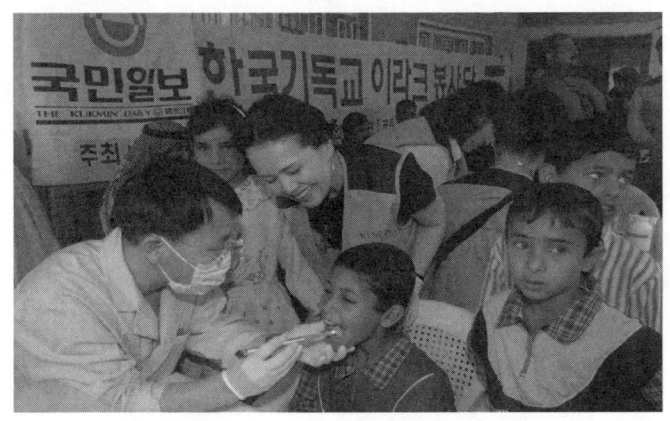

봉사자의 지원 없이는 실질적인 인도적 구호를 거의 실행할 수 없다.

(3) 갈등의 조정자

인류는 전쟁으로 얼룩졌던 20세기를 보내고 평화로운 21세기를 염원하였다. 그러나 이러한 기대는 21세기가 시작되자마자 여지없이 무너지고 말았다. 21세기 벽두에 일어난 **9·11 테러**와 미국에 의한 아프가니스탄 보복전쟁, 2003년 미국의 일방적 이라크 침략으로 인해 새로운 세기는 테러와 전쟁으로 시작되었다. 그런가 하면, 냉전체제가 붕괴되고 민주주의가 제3세계로 확산되고 있음에도 불구하고, 전 세계에는 민족·인송·종교·자원을 둘러싼 전쟁과 분쟁이 끊이지 않고 있다. 앞으로는 핵무기를 둘러싼 갈등이나 환경갈등도 빈번해질 것이다. 이러한 갈등을 해결하는 데 유엔의 역할은 한계가 있다. 예를 들어, 유엔은 원칙적으로 국내문제에 간섭할 수 없고, 강대국이 반대하는 경우에 효

9·11 테러

2001년 9월 11일 미국 뉴욕에 있는 세계무역센터의 쌍둥이 건물과 워싱턴 국방부 건물 등에 대한 테러 사건을 말한다. 아프가니스탄에 거점을 두고 오사마 빈 라덴에 의해 지도되는 알-카에다라는 테러 조직이, 민간 비행기를 탈취해서 뉴욕의 세계무역센터와 충돌함으로써 2개의 건물이 무너져 내리고, 약 3,000여 명의 인명피해와 수십 억 달러의 재산피해를 초래하였다. 이후 미국의 부시 정권은 테러에 대한 보복으로 빈 라덴을 숨겨준 아프가니스탄을 침공하여 탈레반 정권을 전복시켰다.

과적으로 활동하기 어렵다. 그리고 군사적으로 개입한다고 하더라도 평화를 정착시키기 어렵다. 반면에 NGO는 평화운동을 전개하고 평화문화를 정착시켜 강대국의 견제와 평화체제의 정착에 기여한다. 특히, NGO는 현지 주민과 밀착하여 고통받고 있는 주민의 진정한 평화와 복리를 갈망하면서 인도주의 원칙에서 협력한다. 이라크 전쟁에서 현지 주민이 외국인에 대해 적개심을 가지면서도 NGO에 친근감을 갖는 것도 이 때문이다.

▌질문과 토론

1 자본주의가 발달하여 중산층이 형성되어야만 NGO가 발달할 수 있다고 하였다. 한국의 경우 1960년대와 1970년대에 환경운동이 활발하지 못했던 것도 대부분의 사람들이 당장의 생계유지에 바빴기 때문이다. 그런데 자본주의가 제대로 발달하지 못한 방글라데시와 같은 국가에서 NGO가 발달하는 이유는 무엇인가?

2 우리는 불과 17년 전만 하더라도 언론·출판의 자유, 집회·결사의 자유와 같은 민주주의의 기본권을 누리지 못하였다. 사람들이 친구와 이야기하면서 정부 정책을 비판하거나 대통령을 반대하였다는 이유로 공안기관에 끌려가서

문초를 받은 경우도 있었다. 1987년 6월항쟁이 실패해서 지금까지 군부정권이 계속 집권하고 있거나 군부가 중심이 되어 부분적인 민주화만 진행되고 있다고 한다면, 한국 NGO(시민단체)의 수와 영향력은 지금과 어떠한 차이가 있고, 그 차이의 이유는 무엇인가?

3 교도소를 정부가 운영하지 않고 기업이나 NGO가 운영한다고 생각해보자. 예를 들어, 청주교도소를 삼성이나 참여연대에게 위임해서 관리하도록 하는 것이다. 정부는 일정한 비용을 위임자에게 지불하고 감독만 한다. 내부에 부정행위, 구타행위가 발생하거나 범죄자의 탈옥이 있으면 일정한 비용을 삭감하거나 책임을 묻는다. 교도소를 기업이나 NGO에게 위임하는 것이 비용 절감, 수용자의 교도, 사회안전 등에 어떠한 긍정적·부정적 영향을 미칠까?

4 여고생이 임신을 하였다. 이 학생은 지금 낙태할 것인지, 출산할 것인지를 놓고 고민하고 있다. 낙태를 하면 돈은 어떻게 마련하고 어디서 수술을 할 것인지 막막하다. 출산을 한다면 부모에게 알릴 것인지, 임신을 시킨 남자에게 말하고 직접 양육할 것인지, 아니면 혼자 낳아서 입양을 시킬 것인지 등에 대해 고민하고 있다. 이러한 문제에 대해 국가가 관여하지 못하고 여성 NGO가 상담하는 이유는 무엇인가?

5 미국은 1992년 걸프 전쟁 당시 준(準) 핵무기에 속하는 열화우라늄탄을 사용해서 전쟁이 끝난 후 이라크에서는 어

린이 암 환자가 4-5배 늘었다고 한다. 2003년에 미국이 대량
살상무기를 찾는다는 명분으로 이라크를 침략하는 전쟁까
지 일으키면서, 정작 자신은 이런 대량살상무기를 사용하는
이유는 무엇인가? 그리고 세계의 NGO들은 어떻게 미국의
비도덕적 행동을 막을 수 있을까?

NGO와 시민운동 ■■■

1. 시민참여의 의의

인간은 누구나 더 자유롭고, 생산적이고, 발전적인 삶을 원한다. 그리고 서로를 알고, 의견을 함께 나누며, 자아를 실현할 수 있기를 원한다. 그러나 모든 사람이 꿈꾸는 그런 삶은 단순히 국가에 의한 강제와 질서, 시장에 의한 경쟁과 효율성만으로는 결코 가능하지 않다. 시민사회가 융성해서 개인간의 교류와 협력이 활발하고 능동적인 참여가 왕성할 때 가능할 것이다. 여기에서는 시민운동을 살펴보기에 앞서 시민운동의 핵을 이루는 시민참여에 대해 살펴보기로 한다.

1) 참여의 필요성

주부들은 아름다운 거리를 만들기 위해 함께 집 앞의 꽃밭을 가꾼다. 산악회원들은 등산로 앞에서 휴지를 담을 작은 봉지를 나누어준다. 자원봉사단체의 회원은 매주 양로원을 방문해서 청소를 하고 연극을 공연한다. 정부감시단체는 정부의 권력행사를 감시하고 부정부패를 고발한다. 소비자단체는 부정의한 기업이 불량식품을 팔지 못하도록 캠페인을 벌인다. 인터넷 청소년단체는 사이버상에서 학교의 입시교육에 대해 논쟁을 벌인다. 이렇듯 시민들이 조직을 만들고 의도적으로 공동체의 문제와 대결하는 참여에는 한계가 없다. 오늘날 이러한 참여는 시민 생활의 일부가 되었다. 이러한 참여 없이 역동적인 민주주의를 만드는 것은 불가능하다.

좁은 의미의 참여는 정부의 의사결정과정에 영향력을 행사하기 위한 합법적이고 정당한 정치활동을 말한다. 그러나 넓은 의미의 참여는 투표 참여와 같은 의례적 활동이나 단체 가입 및 기부행위와 같은 간접 활동도 포함하고, 시위·항의와 같은 비합법적인 행동도 포함한다(물론, 폭력행위 자체를 정당화하는 것은 아니다). 그러나 친목회나 동호회 활동과 같이 공공선 증대와 관계없는 활동은 포함하지 않는다. NGO 활동과 관련된 시민참여는 매우 넓은 의미로 사용되고 있다. 즉, 시민참여는 사회구성원이 공동체의 일에 참여해서 공공선을 증진하려는 직·간접적 행동을 의미한다.

현대사회에서 참여는 긍정적인 면이 많지만, 이것을 부정적으로 보는 학자도 적지 않다. 참여에 대해 부정적으로 보는 입장은 참여 자체를 부정하기보다는 참여하는 시민의 자질을 의심하고 지나친 참여가 가져올지 모르는 부작용을 우려하고 있다. 즉, 보통시민은 정치에 별로 관심이 없고, 정치문제에 대한 지식이나 이해가 부족하며, 투표를 할 때도 합리적 판단보다는 감정적 요소나 개인적 특성에 따른다는 것이다. 따라서 지나친 참여는 사회의 안정을 해칠 수 있기 때문에 적게 참여하는 것이 민주사회를 운영하는 데 좋다고 본다. 사회적으로 중요한 일은 소수의 엘리트가 하는 것이 바람직하다는 것이다.

그러나 대의민주주의에서 시민참여는 엘리트의 전횡을

견제하고 시민의 의견을 집단적으로 표출하는 데 중요하다. 특히, 지방자치가 활성화됨에 따라 작은 지방 단위에서 이해관계자가 긴밀하게 협력하여 공동체의 일에 참여하는 것은 민주주의를 활성화하는 데 중요하다. 시민은 직접 공동체의 일에 참여함으로써 민주주의를 체험하고 학습할 수 있다. 물론, 참여가 단순히 어떠한 목적을 이루기 위한 수단적인 것만은 아니다. 참여 과정에서 사람들끼리 서로 만나고 협력하면서 타인을 이해하고, 관용정신을 배우며, 토론 기술이나 리더십을 습득할 수 있다. 일찍이 루소(Rousseau)는 시민이 공공의 일에 참여하는 것을 멈추면 국가는 멸망한다고 하였다.

2) 참여의 가치

참여의 가치를 크게 수단적 가치와 목적적 가치로 나눌 수 있다. 수단적 가치는 어떤 것을 달성하기 위한 수단으로서 참여가 필요함을 말하고, 목적적 가치는 참여 그 자체가 개인의 존재와 자아실현과 밀접한 관련이 있음을 말한다.

먼저, 참여의 수단적 가치부터 살펴보자. 참여는 시민의 선호와 욕구를 표현하고 서로 의사소통하는 통로가 된다. 그리고 참여는 정책과정에 대해 정보와 여론을 전달하는 수단이 된다. 참여를 통해 시민은 공직자와 정부의 업무수행을 감시·통제할 수 있고, 정부는 필요한 정보를 획득할 수 있다. 이러한 상호 교환 과정이 활발하게 일어남으로써 체제 안정과 통합이 강화된다. 특히, 사회적 약자가 참여를 통해

NGO가 벌이는 시민운동은 시민이 주체가 되는 사회변혁운동이므로 시민의 적극적인 참여가 필수적이다. 사진은 NGO가 벌이는 공명선거 캠페인에서 서명을 하고 있는 시민들의 모습

자신의 의견을 정책과정에 반영하게 됨으로써 극단적 행동을 조정할 수 있다. 시민참여는 바로 민주주의의 기본 원칙인 '국민에 의한 지배'를 강화하는 중요한 수단이라고 할 수 있다.

다음으로 참여는 그 자체로서 목적적 가치가 된다. 개인이 공동체에 참여하는 것 자체가 흥미 있는 일로서, 인간의 본능에 가까운 것이다. 현대인은 단순히 가족생활이나 경제활동에만 매몰되어 이기적이고 무력한 개인으로 살아가지 않고, 공동체 속에서 자신의 존재를 인식하고 자기 위상을 높이려고 한다. 자신이 속한 사회의 일원으로서 공동의 관심사에 참여해서 필요한 지원을 하고 영향력을 행사하려고 하는 것이다. 또한 개인은 공공참여를 통해 민주시민으로서

NGO를 모르면 대학도 못 간다

의 권리와 의무를 배우고 자신의 능력을 향상시킬 수 있다. 이런 점에서 참여는 개인이 자기 주체성을 발현하고 사회적 일체감을 느끼며 공공정신을 기르는 삶의 과정으로서, 인간 생활의 본질적 가치에 해당한다. 일찍이 영국의 철학자 밀(J. S. Mill)이 자발적 참여를 통해 개인이 자신을 사회의 일원으로 인정하고 공동체의 이익을 자신의 이익과 발전으로 간주한다고 말한 것이나, 독일의 사회학자 프롬(Erich Fromm)이 참여민주주의에서 공동체의 일은 개인의 사적인 일만큼 친근하고 중요한 것이 되고, 공동체의 복리가 개인의 관심사가 된다고 주장한 것은 바로 참여의 목적적 가치를 대변한 것이다.

3) 시민참여와 NGO

시민이 정치공동체에 참여하기 위해서는 매개집단이 필요하다. 개인적으로는 정부나 기업에 영향력을 행사하는 데 한계가 있고, 봉사활동과 같이 공공선을 키우기 위한 활동도 개인적으로는 한계가 있기 때문이다. 전통적으로 시민은 정당, 이익집단, 노동조합 등에 가입하여 이익을 추구하거나, 각종 종교단체에 참여하여 자선활동을 해왔다. 그리고 참여 대상도 주로 정부와 의회에 국한되었고 참여 목적도 그러한 집단에 영향력을 행사하는 것이었다. 그러나 NGO가 발달함에 따라 시민들이 NGO를 통해 정부와 기업에 영향력을 행사하고, 사회적으로 이익이 되는 활동을 하고 있다.

사람들이 NGO에 참여하는 이유는 개방성·신축성·신뢰

성·다양성과 같은 특성이 NGO에 있기 때문이다. NGO는 노동조합이나 이익집단과는 달리 모든 사람에게 개방되어 있고, 과두화되고 경직된 기존 조직과는 달리 수평적이고 유연한 조직구조를 가지고 있다. 그리고 정당이나 노동조합에 비해 신뢰도가 높다. NGO에 대한 신뢰는 전 세계적으로 높게 나타나지만, 특히 한국에서 상대적으로 더 높다. 2001년 볼런티어 21이라는 자원봉사단체가 조사한 바에 의하면, 정부·정당·노동조합·이익집단에 대한 국민의 신뢰는 15-40% 정도인 반면, 각종 NGO에 대한 신뢰는 70-75%에 달하였다. 그리고 다원화된 현대사회에서 NGO는 개인의 다양한 가치를 반영할 수 있다. NGO는 물질적 분배와 신체적 안전을 넘어선 이타적 활동, 사회적 정체성, 각종 삶의 질과 관련된 탈물질적 욕구를 충족시킬 수 있는 장이다.

NGO는 공공 문제에 대해 참여하지만 정당처럼 정권획득을 목표로 하지 않고, 이익집단처럼 회원의 집단이익을 추구하지 않는다. NGO는 공공선의 증진을 목적으로 한다. NGO 활동에 이러한 대의(大義)가 있기 때문에 정부·의회·기업에 대한 영향력이 강하다. 한편 참여에서 중요한 점은 참여의 평등을 이루는 것이다. 공공 문제에 대해 상류층만이 참여해서 영향력을 행사하게 되면 사회적 약자는 소외되고 만다. NGO는 여성·노동자·청소년·아동, 나아가 에이즈 환자, 희귀병 환자, 동성애자, 알코올 중독자, 교도소 수감자, 병역거부자와 같은 사회적 약자까지도 집단적으로 참여할 수 있는 장이다(이러한 사회적 약자들이 만든 직접 만든 단체도 NGO라고 할 수 있다).

2. 시민운동의 발생과 전개

1) 시민운동의 등장

인간은 누구나 더 나은 삶을 원하기 때문에 기존 사회체제에 대해 나름대로 불만을 가지고 있다. 이러한 불만은 어떤 계기가 되면 기존의 지배적 가치·규범·제도로부터 벗어나는 행동으로 연결된다. 이러한 행동은 범죄나 비행(非行)으로 나타나기도 하고, 사회를 변화시키려는 집단행동(collective action)으로 나타나기도 한다. 집단행동에는 군중행동, 항의, 혁명, 사회운동 등이 있다.

집단행동 중에서 사회운동은 18세기 후반 프랑스혁명을 통해 국가와 개인 사이에 사회라는 영역이 생기고, 민주주의 발전을 통해 개인의 정체성과 권리의식이 성장함에 따라 등장하였다. 따라서 사회운동은 민주주의가 먼저 발달한 영국과 프랑스에서 시작되었다고 할 수 있다. 사회운동은 국가영역 밖에서 국가의 권력관계에 영향을 미치려는 조직적인 집단행동이다. 이것은 의도적으로 기존의 지배적 가치와 규범으로부터 이탈하여 새로운 사회질서를 형성하려는 것이다.

과거에 사회운동은 주로 물질적 분배를 둘러싸고 벌어지는 집단행동을 지칭하였다. 즉, 인간이 생산하는 부를 어떻게 공정하게 분배할 것인가에 관한 문제가 급선무였다. 그 대표적인 예로 자본가와 노동자 사이의 계급 대립을 들 수 있다. 이러한 계급 대립을 둘러싼 갈등 지점에 발

표 6_ 민중운동과 시민운동의 비교

주요 요소	민중운동	시민운동
운동주체	노동자, 농민, 빈민 등 민중적 주체성을 가진 자	지식인, 학생, 자영업자 등 초계급적 주체성을 가진 자
운동목표	구조개혁과 사회체제의 변혁 지향	사회개혁과 점진적 제도개선
운동방식	파업, 시위, 농성 등 반합법·비합법적 방식을 주로 사용	캠페인, 공청회, 서명운동 등 합법적인 방식을 주로 사용
운동쟁점	경제적 불평등, 정치적 억압 등	다양한 영역의 공공선 추구

생하는 운동이 바로 노동운동이다. 따라서 과거에는 사회운동이라고 하면 거의 노동운동을 의미하였다. 그런데 유럽을 비롯한 미국에서 1970년대 이후 기존의 노동운동과는 다른 새로운 형태의 운동이 등장하였다. 즉, 자본가와 노동자 사이에 발생하는, 물질적 분배를 둘러싼 계급대립이 아니라, 일상생활에서 나타나는, 각종 삶의 질과 관련된 문제를 해결하기 위해 조직이 결성되고 저항이 일어났다. 이것을 과거의 사회운동에 대비해 신사회운동(new social movement)이라고 한다. 예를 들어, 환경·평화·여성·문화·소비자권리와 같은 가치를 추구하는 운동을 들 수 있다.

서구사회에서 말하는 신사회운동은 한국의 시민운동과 비슷하다(물론, 역사적 배경이 다르기 때문에 운동의 주체, 이슈, 방법, 목적이 똑같은 것은 아니다). 한국에서 시민운동은 1987년 6월항쟁을 통해 민주화가 진행됨에 따라 등장하였다. 1987년 이전에는 군부정권을 전복하고 자본주의를 변혁시키려는 급진적·계급적 운동이 주를 이루었다. 이를 민중운동이라

시민운동은 시민의 권리, 삶의 질과 관련된 다양한 이슈를 두고 벌어진다. 사진은 휴대전화 발신번호표시 서비스 부가요금에 반대하는 시민운동 현장 장면. 통신회사는 발신번호표시 서비스에 별도의 비용이 투입되지 않음에도 불구하고 소비자로부터 부가요금을 받고 있다.

고 한다. 그러나 1987년 6월항쟁 이후 민주주의가 발달하고 이에 더해 1990년대에 소련과 동구 유럽에서 현실사회주의 체제가 몰락하자, 사회주의 이념을 지향했던 기존의 민중운동이 쇠퇴하기 시작하였다. 반면에 자본주의체제 내에서 자본주의의 모순을 완화함과 아울러, 점진적으로 제도를 개선하고 개인의 권리를 옹호하는 시민운동이 발달하였다. 한국의 시민운동은 <표 6>과 같이, 민중운동과 비교함으로써 잘 이해할 수 있다.

이렇게 본다면 시민운동은, 다양한 영역에서 다양한 계급의 시민이 주체가 되어 주로 합법적 공간에서 평화적 방법으로 사회변화를 추구하고 공공선을 증대하기 위한 운동을 의미한다. 시민운동은 물질적 분배에 대해서도 관심을 갖지만 환경·평화·인권·여성·문화와 같은 탈물질적 가치와 삶의 질을 높이기 위한 쟁점을 다룬다. 직접 정치권력을 획득하거나 정당과 연대하는 것이 아니라, 시민사회에서 담론 확대와 여론 형성을 통해 국가와 시장에 영향을 미치려고 한다. 그리고 국가와 시장이 해결하지 못하는 다양한 서비스를 직접 생산하기도 하고 시민을 공중(公衆)으로 인도하는 계몽적 성격도 지니고 있다. 나아가 현대사회에서는 전 지구적 상호 연결이 활발하기 때문에 시민운동은 연대를 통해 세계 공동의 문제를 해결하는 데도 기여한다.

2) 시민운동의 전개

기존의 사회운동과는 달리, 환경운동·반전평화운동·여성운동·소비자운동과 같은 시민운동이 발생하는 이유는 무엇일까. 서구사회는 제2차세계대전 이후 복지국가가 발달함에 따라 자본가와 노동자 사이에 화해가 이루어졌다. 정부가 중재하여 노동자에게 일정한 보상을 해주었기 때문에 노동운동의 필요성이 그만큼 줄어든 것이다. 그러자 이제는 경제영역이 아니라 사회문화영역에서 갈등이 발생하였다. 물질주의의 만연에 따른 인간 생활의 상품화나 국가의 거대한 관료제에 대한 반발이 일어난 것이다. 서구사회에서 신사회운동은 국가의 기술관료(technocrat)가 개인의 생활영역을 통제하고 자본주의의 시장논리가 민주주의와 공동체를 황폐화시키는 것에 대한 반발로 등장한 것이다. 오늘날에는 성(性)·감성·대인관계·정체성 등도 갈등의 대상이 되었다. 즉, 신사회운동은 일상생활 속에 파고드는 이러한 주제와 관련하여 개인적 욕구와 자기정체성을 요구하는 운동이다.

한국에서 시민운동은 1987년 6월항쟁 이후 민주주의의 발달과 함께 기존의 민주와 반민주의 대립구도가 약화됨에 따라, 경제정의·인권·부정부패·여성권리·환경과 같은 문제를 해결하기 위해 등장하였다. 1987년 이전에는 시민사회 내 각종 단체의 이념이나 목적에 관계없이 군부정권을 몰아내는 것이 급선무였다. 그러나 군부정권이 물러나고 민주화가 진행되자 다양한 이슈를 가진 시민운동이 발달하기 시작하였다. 사회주의를 지향하던 기존의 민중운동은 쇠퇴한 반면, 1989년 경실련(경제정의실천시민연합), 1993년 환경운동연합, 1994년 참여연대와 녹색연합의 설립과 활동에서 볼 수 있는 바와 같이, 정치운동과 직접적 연관이 없는 다양한 운동이 등장하였다. 이러한 시민운동은 개인의 삶의 질과 관련된 각종 사회문제에 대해 이슈를 제기하고, 정부의 정책변화를 촉구하며, 각종 해결대안을 제시하였다.

그러면 사람들은 왜 시민운동에 참여하고, 시민운동은 어떤 단계로 진행되는가. 사람들이 시민운동에 참여하는 이유는 다양하다. 일찍이 심리학적 연구에 따르면, 시민운동이 발생하는 데는 개인적 불만과 좌절감, 상대적 박탈감이 크게 작용한다고 한다. 그리고 **구조기능주의**에서는 개인의 정치의식 발달이나 시민운동이 발생할 수 있는 사회구조를 중시하였다. 개인이 시민운동에 참여하는 데는 다양한 요소가 영향을 미친다. 개인의 사회적 도덕감과 의무감, 운동에 참여한 경험, 부모나 존경하는 사람의 선도적 행동 등이 개인의 시민운동 참여에 영향을 미친다. 그러나 이러한 환경과 조건 그 자체가 곧바로 시민운동 참여로 연결되는 것은

구조기능주의

사회를 하나의 체계(시스템)로 보고, 체계를 구성하는 각 요소가 상호의존적으로 연결되어 있고 전체 체계의 유지를 위해 일정한 기능을 한다고 본다. 체계의 안정에 초점을 두기 때문에 현상유지를 강조하고 보수적이다. 사회운동에서 구조기능주의적 접근은 규범·가치·제도와 같은 체계를 구성하는 요소의 불일치나 괴리로 인한 구조적 긴장 혹은 불균등에서 사회운동이 발생한다고 본다.

그림 4_ 시민운동의 진행

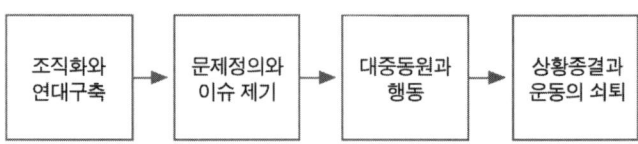

아니다. 개인적 불만, 정치적 태도, 구조적 조건 등이 일정한 의미를 형성하고, NGO와 같이 시민운동을 구체적으로 전개하는 조직이 있을 때 비로소 참여가 가능하다.

사람들이 시민운동에 참여하면 시민운동은 어떻게 진행되는가? 시민운동은 어떤 사회문제에 대해 NGO를 중심으로 하여 조직이 형성되고 단체간에 연대가 이루어짐으로써 시작된다. 그런 다음 운동의 주체는 문제가 무엇인지를 규정하고 이것을 이슈화한다. 이러한 활동은 집회나 시위와 같은, 대중동원을 위한 구체적 행동으로 발전한다. 이러한 행동에 의해 정부 또는 기업과 운동단체 간에 충돌과 타협이 일어난다. 시민운동이 주장하는 요구는 해결될 수도 있고 그렇지 못할 수도 있다. 따라서 시민운동은 때로는 문제를 해결하고 평화적으로 끝나기도 하지만, 대중의 무관심이나 정부의 강제적 억압 때문에 해산되기도 한다. 어떤 경우이든, 시민운동은 쇠퇴의 길로 접어들어 장기적으로 볼 때 소멸하게 된다. 이러한 시민운동의 진행과정을 정리하면 <그림 4>와 같다.

3) 사이버 시민운동의 발달

정보 생산 및 유통이 늘어나고 정보의 가치가 중시되는

현대 정보사회에서, 컴퓨터와 통신기술의 접목에 의한 인터넷의 발달은 새로운 사회적 관계를 형성하고 있다. 인터넷의 등장은 단순히 새로운 기술이나 새로운 형태의 미디어가 등장한 것으로 국한되지 않는다. 그것은 물리적 구조와 경계를 갖지 않는 새로운 사회공동체를 만들고 있다. 이른바 컴퓨터가 매개하는 의사소통(computer mediated communication)에 의한 사이버 공동체(cyber community)의 등장이다.

인터넷을 통해 정보와 의견이 소통되는 사이버 공간은 과거와는 차원이 다르다. 인터넷은 쌍방향 의사소통, 탈중심화와 다자간 동시 소통, 다양한 미디어를 혼합한 멀티미디어, 고속 광통신에 의한 빠른 속도, 시간적 경계를 초월한 반영구성, 물리적 공간의 한계를 뛰어넘는 전 지구적 연결과 같은 특성을 가지고 있다. 이제 과거처럼 수신자가 송신자의 명령과 지시에 따르는 것이 아니라 다수의 송수신자가 네트워크를 통해 아무런 제약 없이 연결된다. 디지털 기술의 발달에 의해 글·사진·영상·음성이 섞여서 이용되고 있다. 더구나 기존의 우편이나 팩스와는 달리 전자 메일이나 인터넷 토론장은 매우 빠르다. 멕시코의 농민반란군인 사파티스타는 자신의 주장을 전자 메일을 통해 전 세계로 전파하였다. 사이버 공간에서 벌어지는 토론 과정과 정보는 반영구적으로 보존되고 전 지구적으로 연결된다. 그야말로 단순히 물리적 공간과 구별되는 가상공간(virtual space)이라기보다 가상공간과 현실공간의 구별이 없어졌다고 할 수 있다.

사이버 공동체의 등장으로 시민운동이 재구성되고 있다. 인터넷은 시민운동의 방식뿐만 아니라 내용도 크게 변화시키고 있다. 먼저, 시민운동이 온라인(on-line)에서 활발하게 벌어지고 있다. 성명서 발표, 캠페인, 토론회, 서명운동, 여론조사, 배너 달기, 항의시위, 연좌시위(가상점거)가 온라인에서 가능하게 되었다. 사이버 공동체의 등장으로 뛰어난 소수의 활동가에 의해 시민운동이 지도되는 것이 아니라, 누구나 일상생활의 모든 문제를 가지고 언제든지 실행할 수 있게 되었다. 몇 년 전 중·고등학생들이 '노컷'이라는 인터넷 사이트를 통해 두발제한과 학교 교육에 대한 불만을 담은 내용에 서명을 받아서 자신의 목적을 달성하였다. 그리고 사이버 공동체가 시민운동에서 차지하는 비율이 증가함에 따라 국가에 의한 인터넷 검열과 통제, 자본에 의한 사이버 공간의 상품화, 빅브라더에 의한 정보 독점, 정보접근권에 따른 계급화 문제, 프라이버시의 보호, 지적재산권 보호와 정보공개, 안티사이트(anti-site)의 활성화는 시민운동의 내용을 새롭게 정립해야 할 필요성을 제기한다.

빅브라더(big brother)
빅브라더란 국가나 대기업과 같이 사회를 통제하는 거대한 권력집단을 말한다. 조지 오웰은 『1984년』이라는 소설에서 개인의 일거수 일투족을 감시하는 전체주의 국가를 빅브라더라고 하였다.

3. 시민불복종운동

NGO는 시민운동을 통해 국가에 영향력을 행사하기 위해 다양한 전략과 전술을 사용한다. 한편으로는 기존의 법률을 위반하는 것을 피하기 위해 일인시위 같은 것을 시도하기도 하고, 다른 한편으로는 의도적으로 기존의 법률을 위반하여 일반인의 관심을 유도하기도 한다. 따라서 법이나 정책을 변화시키기 위해 의도적으로 법을 위반하는 시민불복종운동도 시민운동의 한 형태로 자리잡고 있다.

1) 시민불복종운동의 개념 정의

시민불복종운동이란 무엇인가? 시민불복종운동의 개념을 구성하는 요소가 다양하고 국가와 시대마다 다르기 때문에 보편적 개념을 도출하기가 쉽지 않지만, 여기서는 다섯 가지 기준으로 시민불복종운동의 개념을 살펴보기로 한다.

첫째, 시민불복종운동에는 시민성이 있어야 한다. 사회구성원 누구나 시민불복종운동의 주체가 될 수 있지만 일정한 요건이 필요한데, 그것이 바로 시민성을 충족하는 것이다. 여기서 시민성이란 불복종하는 주체가 국가권력과 제도의 결함을 인식하고 이를 적극적으로 개선하려는 시민의식을 가지고 있음을 의미한다. 그리고 불복종행위는 다양한 사람들이 자발적으로 참여해서 발생한 것이어야 한다.

둘째, 시민불복종운동에는 공공성이 있어야 한다. 시민불복종운동은 비밀스럽게 진행되는 것이 아니라, 공개적이고 집단적으로 행해지고 공중(公衆)에게 호소하는 것이어야 한다. 그리고 불복종이 공적 목적을 가져야 하며, 사기업의 결정이나 시민사회단체의 행위가 아니라 정부가 결정한 법률이나 정책을 대상으로 해야 한다.

셋째, 시민불복종운동에는 실정법 위반에 대한 처벌을 감수하겠다는 의지가 있어야 한다. 이것은 시민불복종이 법적 제재를 수용하고 법에 대한 충실한 의무를 지키는 것을 의미한다. 따라서 시민불복종과 범죄는 엄연히 다르다(처벌을 감수하겠다는 의지를 가지고 있다고 해서 국가가 불복종행위를 무조건적으로 처벌해야 한다는 것은 아니다).

넷째, 시민불복종운동은 비폭력적이어야 한다. 시민불복종은 비폭력적으로 실행될 때 평화롭고 공정한 사회를 지향한다는 본래의 목적을 달성할 수 있다. 물론, 사회적 악이 비대하고 문제 해결이 긴급할 경우에도 폭력을 전혀 사용할 수 없다는 것은 아니다. 예를 들어, 요구하는 목적을 달성하기 위해 「집회와 시위에 관한 법률」을 일시적으로 위반하거나, 상징적인 공공건물을 잠깐 점거하는 것은 용인될 수 있다.

다섯째, 시민불복종운동은 설정한 목적과 사용하는 수단 간에 균형을 유지해야 한다. 이것은 두 가지 요소를 포함한다. 하나는 시민불복종운동이 기존의 합법적 수단으로는 불가능할 경우에 전개되어야 한다는 점이고, 다른 하나는 불복종행위로 인해 발생하는 이익침해가 불복종행위가 없었을 경우 침해되는 이익보다 커서는 안된다는 것이다.

시민불복종운동은 지금까지 서술한 다섯 가지 요소를 충족시키는 행동을 말한다. 즉, 시민이 부정한 법률이나 정책을 변화시킬 목적으로, 처벌을 감수하면서 의도적이고 비폭력적으로 행하는 저항행위이다. 그 대상은 인권을 유린하는 법률, 시민의 권리를 침해하는 제도, 침략적인 전쟁, 불공정한 조세정책 등 다양하다.

2) 시민불복종운동의 정당화

국가의 구성원은 법치국가에서 다수결에 따라 만들어진

법에 원칙적으로 복종해야 한다. 그러나 이것이 법에 대한 절대적 의무를 의미하는 것은 아니다. 정부에서 만들어지는 법이나 정책이 명백하게 사회정의를 위반하고 다수의 비판을 받을 때는 거부와 저항이 일어난다. 이러한 불복종이나 저항은 인간 존엄을 실현하고 민주주의를 발전시키는 중요한 수단이자 과정이라고 할 수 있다. 그렇다면 어떠한 경우에 시민불복종이 정당화될 수 있는가.

시민불복종운동의 정당화를 바라보는 관점은 다양하다. 의회에서 제도화된 입법절차에 따라 만들어진 법규범을 무조건적으로 준수해야 한다는 주장이 있는가 하면, 사회정의를 침해할 때는 정의를 지키기 위해 **자연법**에 근거하여 저항할 수 있다고 하는 주장도 있다. 전자의 경우, 정부에서 만든 법이 일정한 수준 이상으로 부정의한 법이 아니면 악법에도 원칙적으로 복종해야 한다는 것이다. 그러나 후자의 경우, 현재의 법이 부정의하다는 것이 어느 정도 사회적으로 합의되면 복종하지 않을 수 있다고 본다. 왜냐하면 정당한 법은 스스로 그 법의 준수를 요구할 가치를 지니고 있어야 하기 때문이다. 법이나 정책이 개인의 자유, 평등, 공정한 기회를 현저하게 위반하고 이를 저지하기 위한 노력이 합법적 수단으로는 효과를 거두지 못할 때, 시민불복종은 정당성을 얻게 된다.

특정한 시민불복종운동이 정당성이 약하고 최종적으로 불법적인 것으로 판명되더라도 정부가 법에 따라 처벌할 수 있는 것은 아니다. 예를 들어, 불복종운동 과정에서 경찰과 싸움이 벌어지고 건물을 점거하였다고 해서 형법에 따라

자연법(natural law)

인위적으로 만든 실정법에 상대되는 개념으로서, 실정법을 초월하여 자연적으로 전해내려와 인간과 자연을 지배하는 보편타당한 규칙을 말한다. 근대사회 이후 국가가 개인을 억압할 때, 시민은 '인간은 자유롭게 태어났다는 자연법에 근거하여 국가권력에 저항하였다.

처벌하기는 어렵다. 시민불복종에 대한 정당화와 법적 통제
의 기준은 국가와 시대마다 다르지만, 민주적 법치국가에서
어느 정도 지지를 받고 있는 시민불복종운동을 불법(不法)이
라고 해서 처벌하는 것은 바람직하지 않다. 따라서 어느 정
도 정당성을 획득하고 평화적으로 진행된 시민불복종운동
은, 검사와 판사가 이를 정치적 행위로 판단하여 최악의 경
우에도 **기소유예**나 **집행유예**를 넘지 않는 수준의 판결을
내릴 필요가 있다.

기소유예, 집행유예

기소유예란 검찰이 사건을
재판에 회부하는 것을 일시
중지하는 것이고, 집행유예
란 판사가 재판한 후 판결이
나왔지만 감옥에 구금하는
집행을 일시 중지하는 것을
말한다.

3) 시민불복종운동의 사례

인간의 불복종행위는 히브리 신화의 아담과 이브나 그리
스 신화의 프로메테우스의 경우와 같이 신의 뜻에 대한 거
부로 시작되었다고 볼 수 있다. 인간이 국가권력이나 실정
법에 대해 거부해온 역사는 매우 오래되었다. 부정한 권력
과 제도에 대한 불복종은 인류 역사에서 인간의 자유와 평
등을 실현하기 위한 장대한 드라마였으며, 역사 진보를 위
한 용기와 희생이었다고 할 수 있다. 여기서는 시민불복종
운동의 사례를 외국과 한국의 경우로 나누어서 살펴보기로
한다.

(1) 외국의 사례

서구사회에서 시민불복종과 비슷한 저항 행위는 17세기
미국 매사추세츠만의 퀘이커 교도와 침례교도의 청교도 목사
에 대한 복종 거부에서 시작되었다. 그러나 이것은 지금 말하

는 시민불복종이라기보다는 **양심적 거부**에 가깝다. 시민불복종에 대한 담론이 시작된 것은 소로우(Henry Thoreau)의 「인두세 납부 거부와 시민정부에 대한 저항(resistance to civil government)」이라는 글에서 시작되었다고 볼 수 있다. 소로우는 비인권적인 노예제도, 미국이 일으킨 멕시코 전쟁, 인디언 원주민의 권리 침해 등에 반대하고 인두세 납부를 거부해서 1846년에 수감되었다. 그는 법에 대한 존경보다 정의에 대한 존경이 선행되어야 한다고 주장하였다.

소로우의 생활과 신념은 20세기 초에 톨스토이(Lev Tolstoy)의 평화사상과 간디(Mohandas Gandhi)의 반제국주의운동에 영향을 미쳤다. 톨스토이는 평화를 사랑하는 사람의 집총거부권을 옹호하였다. 간디는 영국의 제국주의에 비폭력 불복종으로 맞서 전형적인 시민불복종운동을 전개하였다. 그는 한때 제국주의를 전복시킬 혁명적 의도를 가지고 있었지만, 이것이 효과적이지 못함을 깨닫고 비폭력으로 일관하였다. 간디는 정당하지 못한 법과 권력에 대한 불복종이 정의로운 행동이라고 보았다.

미국의 로자 팍스(Rosa Parks)는 1950년대에 버스 인종격리를 규정한 앨라배마 주법(州法)에 저항하여 시민불복종운동을 전개하였다. 수만 명이 그녀의 용기 있는 행동에 동조했고, 1년 후에 미국연방헌법재판소로부터 흑인과 백인의 버스 인종격리를 규정한 주법이 연방헌법에 위배된다는 판결을 얻어냈다. 그리고 미국의 마틴 루터 킹(Martin Luther King)은 1960년대에 흑인의 인권을 침해하는 법과 제도에 반대하는 흑백차별 철폐운동을 전개하였다. 그는 흑백차별이 자연법

양심적 거부

양심적 거부는 도덕적·종교적 이유로 양심에 근거하여, 전쟁·살인·낙태·숭배와 같은 어느 정도 직접적인 법령이나 행정명령을 거부하는 행위를 말한다. 예를 들어 여호와의 증인의 집총 및 병역 거부가 여기에 속한다.

에 위반되고 인격을 타락시키기 때문에 부당한 것에 대한 불복종이 시민의 도덕적 의무라고 강조하였다.

이 외에도 1960년대 이후 미국의 월남전 참전 반대운동, 서독의 반핵 평화운동, 프랑스의 반드골주의 운동은 시민불복종으로 시작해서 혁명적 불복종으로 발전한 경우이다. 그리고 1980년대 남미와 아시아에서는 민주화를 위한 저항운동이 있었고, 1990년대 이후에는 반지구화운동이 활발하였다. 2003년에는 미국의 이라크 침략에 저항하는 운동이 미국을 비롯하여 전 세계에서 일어났다.

(2) 한국의 사례

한국에서 시민불복종운동은 1986년에 있었던 시청료납부 거부에서 비롯되었다고 할 수 있다. 한국방송공사(KBS)가 농촌의 실상을 왜곡해서 보도하자, 전라남도 완주군의 한 농민으로부터 시작된 시청료 납부 거부가 전국으로 확산되었다. 1987년 6월항쟁은 독재정권에 대한 시민불복종으로 시작되었으나, 폭력을 동반하는 혁명적 불복종으로 발전한 경우이다. 1999년 경기도 분당 주민의 고속도로통행료 거부운동은 분당에서 서울로 출퇴근하는 시민으로부터 지지를 받았을 뿐만 아니라, 전국의 단거리 고속도로통행료 징수에 대한 거부운동으로 발전하였다. 2000년에는 경기도 매향리 미군사격장 폐쇄운동이 전국적인 시민운동으로 발전해서 전개되었다. 미군폭격장 때문에 사망·상해사고, 소음, 농장과 어장의 피폐, 환경오염 등의 문제가 발생하자, 저항운동에 참여한 사람들이 철조망을 철거하고 미군기지에 진입하

1천여 개의 NGO로 구성된 총선시민연대는 2000년 국회의원 선거를 앞두고 부패하고 무능한 정치인을 퇴출시키기 위한 시민운동을 전개하여 낙선대상자 86명 중 59명을 낙선시키는 성과를 얻어서 세계를 깜짝 놀라게 하였다. 사진은 낙선운동 집회에서 퇴출 대상 정치인에게 옐로우카드를 들어 보이고 있는 참석자들.
ⓒ ≪시민의 신문≫

였다. 이러한 저항활동은 전국적인 지지를 확보하여 결국 사격장 폐쇄와 보상금 지불이라는 성과를 얻었다.

2000년 총선시민연대의 국회의원후보 낙천·낙선운동은 한국에서 가장 전형적인 시민불복종운동이라고 할 수 있다. 과거에도 정치권은 신뢰를 받지 못했지만, 특히 15대 국회에 와서 정치인에 대한 국민의 불신이 극에 달하였다. 이에 참여연대를 비롯한 1,054개의 각종 시민사회단체가 중심이 되어 부패하고 무능한 정치인과 국회의원 후보자를 정당공천에서 탈락시키고, 그래도 공천되면 선거에서 낙선운동을 벌이기로 하였다. 이 운동은 무패하고 무능한 정치인의 퇴출과 「공직선거와부정선거방지법」 제87조를 비롯한 악법 조항의 폐지를 목적으로 한 것이었다.

3개월 동안의 총선시민연대 활동은 언론과 시민의 상당한 지지를 받았고 전국적으로 69%에 이르는 낙선율을 기록하였다(총선시민연대는 운동기간에 5천여 명으로부터 3억 5천만 원에 달하는 후원금을 모았고, 인터넷 사이트는 하루 평균 10만여 건의 접속을 기록하였다). 서울과 인근지역을 벗어난 지방에서는 지역주의가 강하게 작용해서 낙선율이 낮았으나, 수도권에서는 95%의 낙선율을 달성하였다. 선거가 끝난 후 시민불복종운동을 전개한 NGO 지도자 29명이 불구속 기소되었고, 이 중에서 핵심 인사 몇 명은 대법원 최종판결에서 실형(벌금형)을 선고받았다. 그러나 부패하고 무능한 정치권에 대해 저항하는 유권자의 힘을 모았고, 국가 영역을 감시하고 저항하기 위한 시민운동이 전국적으로 확산되는 계기가 되었다. 그리고 선거가 끝난 후 선거관련 법률이 전향적으로 개정되었다.

4. 시민운동과 NGO

1) 시민운동과 NGO

오늘날 시민운동을 조직하고 추진하는 실질적 주체는 바로 NGO이다. 어떤 사회문제가 발생해도 사람들은 자신과 관련된 중대한 문제가 아닌 한, 직접 현장으로 달려가지 않는다. 설령 현장으로 달려가서 군중집회를 벌일 수 있을지도 모르지만, 그것이 바로 시민운동이 되는 것은 아니다. 어떤 사회문제에 대처하는 시민운동이 일어나기 위해서는 그 문제를 공유하는 집합적 정체성을 가진 사람이 있고, 이들 사이에 대화와 의사소통이 이루어져야 한다. 그리고 시민운동을 이끌어 갈 지도자와 운동에 필요한 전략이 있어야 한다. 운동을 진행하는 데는 일정한 자금도 필요하고 다른 단체와의 연대도 중요하다. 이러한 모든 조건을 갖추고 있는 조직이 바로 NGO이다. NGO는 시민운동의 지도자를 만들고, 전략을 개발하며, 다른 단체와 연대를 형성할 수 있는 시민운동의 거점이라고 할 수 있다.

오늘날 인터넷의 발달은 NGO가 시민운동을 중추적으로 이끌어가는 데 크게 기여하고 있다. 앞서 말한 바와 같이 인터넷은 쌍방향성, 탈중심성, 탈물질성과 같은 특징을 가지고 있다. 인터넷의 발달에 의한 사이버 공간의 등장이 NGO에 의한 시민운동을 용이하게 할 뿐만 아니라, 나아가

표 7_ 한국 사이버 NGO의 예

단체명	주요 활동
만원계	회원이 매달 1만원씩 모아 시민운동단체 지원
또물또	잘못된 일상언어를 찾아 이를 고치는 국어순화활동
반크	외국 인터넷 사이트에서 한국에 대한 오류 수정
노컷	중고등학생 두발제한 반대와 학교교육 개혁
풀꽃세상을 위한 모임	자연물 각각을 존재가치로 인정하여 보호
100원 이웃사랑	독거노인 및 소년소녀가장 지원활동
행동하는 양심	인터넷을 통한 자원봉사활동 촉진과 연결
아동학대없는 세상만들기	아동학대로 고통을 겪는 사람들에 대한 상담
사막의 달밤	사막화를 방지하기 위해 몽골에 식림활동
참세상	바른 정보사회 실현을 위한 계몽실천활동
찬우물	온라인 공동체를 통해 각종 시민권리 증진

오늘날에는 온라인에서만 시민운동을 진행하는 NGO가 있고 심지어 온라인에서 만들어진 사이버 NGO도 있다. 사이버 NGO는 단체의 설립과 운영이 사이버상에서 이루어진다. 따라서 전통적인 의미의 조직과 사무실이 없다. <표 7>은 한국 사이버 NGO의 예를 보여주고 있다.

2) 시민불복종운동과 NGO

NGO가 지향하는 밑으로부터의 개혁과 변화는 시민운동을 통해 진행된다. 이 과정에서 NGO는 삶의 주제와 관련해서 더 많은 참여와 자치를 요구한다. 그러나 권력기관인 정부는 급격한 변화를 싫어하고 가지고 있는 권력을 나누는 것에 인색하다. 따라서 시민사회에서 NGO가 활동하고 있는 한, 시민의 권리를 왜곡하는 부당한 법과 명령에 대한 불복종은 항상 일어날 수밖에 없다. 오늘날 NGO는 시민불복종운동을 조직하고 실행하는 주체이다.

NGO는 끊임없이 기존의 법률과 정책에 대해 의문을 제기하고 개인과 집단의 자유와 평등의 확대를 요구한다. 그러나 NGO는 주로 합법적인 공간에서 활동한다. 민주적 법치국가의 실현은 NGO가 지향하는 중요한 목표이기도 하기 때문이다. 그러나 정상적인 방법으로 장기간에 걸쳐 국가권력에 호소했음에도 불구하고 부정의가 지속되면, 법을 위반하거나 법 자체에 대해 저항한다. 합법성이 NGO가 추진하는 시민운동을 완전하게 구속할 수는 없기 때문이다. 물론, NGO가 시민불복종운동을 전개하면서 법 자체를 무시해서

NGO를 모르면 대학도 못 간다

는 안 된다. NGO는 부정한 법에 저항할 수 있지만, 법 자체를 판단할 수 있는 권능을 가지고 있지 않기 때문이다.

질문과 토론

1 2004년 3월 12일 국회에서 노무현 대통령에 대한 탄핵소추를 의결하였다. 이후 서울의 광화문을 비롯하여 전국 각지에서는 이를 비판하는 사람들 수만 명이 모인 촛불집회가 열렸다. 기득권층은 촛불집회가 사회혼란을 조장한다고 하고, 정부는 촛불집회가 집시법에 위반한다고 하였다. 이러한 시각은 '시민참여'의 입장에서 어떤 문제가 있는가?

2 영국의 철학자인 러셀(Bertrand Russell)은 90세가 넘어서도 평화운동을 선두에서 지휘하였다. 당신의 나이가 70세가 되었을 때, 젊은 시절 시민운동에 대해 공부하고 현장에서 경험하는 것이 나중에 노년기의 인생을 보람 있게 보내는 데 어떤 청량제가 될 수 있을까?

3 2000년 총선시민연대는 낙천·낙선운동을 하면서 인터넷 사이트를 통해 운동을 소개하고 시민의 참여를 촉구하였다. 앞으로 다수의 지지를 받는 시민불복종운동이 벌어진다면 휴대전화 문자 메시지 전송과 인터넷 무선접속이 운동의

전략과 영향력에 어떠한 영향을 미칠 수 있을까?

4 장애인이 이동권을 보장하라고 서울의 시청 지하철역에 내려가 쇠사슬로 몸을 선로에 묶고 열차 운행을 방해하였다. 그들의 행동은 어떤 점에서 정당화될 수 있고, 시민의 지지를 획득하는 전략적 차원에서는 어떤 문제가 있는가?

5 오늘날에는 NGO가 각종 사회문제를 이슈화하고 정부의 행동을 촉구한다. 만약 정부가 시민권리를 억압하거나 제대로 보호하지도 못하는데, 이것에 적절하게 대응할 NGO가 없다면 현대사회에서 어떤 집단이 NGO를 대신할 수 있을까? 그리고 우리 생활은 어떤 점에서 불편할까?

NGO와 자원봉사 ■ ■ ■

1. 자원봉사의 의의

자원봉사는 NGO에서 활발하게 일어나고 있고, 그 운영과 활동 전략에 중요한 요소이다. 또한 자원봉사는 그 자체로서 시민사회의 중요한 사회자본이자, NGO가 지향하는 사회적 가치이기도 하다. 특히, 청소년 시절부터 자원봉사를 학습하고 실천하는 것은 리더십 형성과 미래의 성공을 위해 매우 중요하다.

1) 자원봉사의 이념

인간은 먼 옛날부터 공동체를 구성하고 서로 긴밀한 관계를 유지하면서, 공동 문제를 함께 해결하고 어려움에 처한 사람을 서로 지원해왔다. 서로 협력하고 사회적 약자를 보호하는 것은 인간의 본성이라고 할 수 있다. 인간에게는 본래부터 사회적 속성을 가지고 서로 교류하고 목표를 성취해서 인정받으며, 타자에 대해 사회적 책임을 지고 새로운 경험을 해보고자 하는 자원봉사의 욕구가 있다. 상호원조와 이타주의 정신이 파괴되고 이기주의와 물질주의가 팽배한 세상을 상상해보라. 그렇게 되면 그야말로 인간이 사는 사회는 정글과 같은 약육강식의 세상이 되거나, 그렇지 않다고 하더라도 삭막한 세상이 되고 말 것이다. 따라서 자원봉사는 인간이 따뜻하고 인간답게 살 수 있는 세상을 만드는 데 반드시 필요하다.

자원봉사활동이란 보상을 바라거나 강제에 의하지 않고 타인이나 공익을 위해 조직적으로 시간과 노력을 제공하는 활동을 말한다. 따라서 자원봉사는 사회적 약자를 위한 활동에만 국한되는 것이 아니라, 사회구성원 전체의 행복을 위한 모든 활동을 포함한다(그렇지만 매개기관을 통해 조직적으로 활동하지 않고 단순히 개인적으로 남을 도와주는 것은 자원봉사가 아니다). 자원봉사는 지역사회의 공동복지를 향한 노력에 집중되고 있지만 오늘날에는 국가적·국제적 차원까지 확대되었고, 인터넷을 통한 봉사활동도 포함한다. 보상을 바라고 자원봉사를 하는 것은 아니지만, 활동에 필요한 약간의 경비를 지급하는 것은 가능하다. 또한 자원봉사는 사회문제를 해결하여 공동의 안전을 확보하는 것임과 동시에 문제가 생기지 않도록 예방하는 활동도 포함한다.

자원봉사는 인간존중 정신과 사회적 연대감에 기초하여 타인의 고통을 덜어주고 사회적 공공선(public good)을 증진하는 자유롭고 창조적인 활동이다. 그리고 가장 동기부여가 강한 노동으로서 이타주의를 구현하고 공동체정신을 체험하는 활동이자 자신의 잠재력을 계발하고 자아를 실현할 수 있는 기회이기도 하다. 자원봉사는 자발성, 무보수성, 이타성, 공공성, 사회성, 복지성, 공동체성, 지속성, 조직성, 민주성, 개척성, 교육성과 같은 이념을 담고 있다(<그림 5>에 자원봉사를 대표하는 8개의 주요 이념이 정리되어 있다). 청소년이 봉사활동을 할 때에도 자원봉사의 이러한 이념을 이해하고

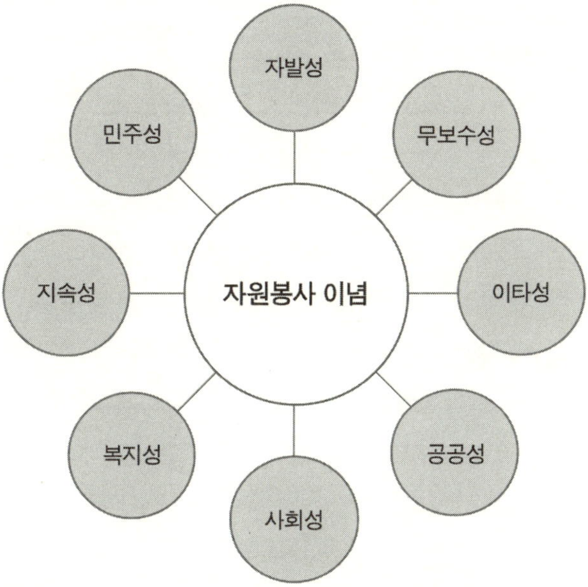

그림 5_ 자원봉사의 주요
이념

참여하는 것이 좋다.

  자발성은, 자원봉사가 평등한 인간관계를 기초로 하여 타
인을 돕거나 공익을 증진하고자 하는 개인의 자유로운 의지
의 발로(發露)임을 말한다. 무보수성은, 자원봉사가 선한 의
지에서 출발한 것으로서 금전적 보수나 대가를 목적으로
하는 활동이 아님을 말한다. 이타성은, 자원봉사가 자신의
이익이나 목적을 달성하기 위한 것이 아니라, 타인의 행복
을 우선적으로 고려하는 활동임을 말한다. 공공성은, 자원
봉사가 특정 개인·종교·정당을 초월하여 공공의 이익을
위해 활동하는 것임을 말한다. 사회성은, 자원봉사가 공동
체적 사회를 지향하며 사회적 소속감을 가지고 사회적 책임

에 의거한 활동임을 말한다. 복지성은, 자원봉사가 지역사
회와 인류공동체의 복지를 향한 인간적 활동임을 말한다.
지속성은, 자원봉사가 마음 내키는 대로 즉흥적으로 하는
것이 아니라, 어떤 목적을 달성하기 위해 지속적이고 조직
적으로 이루어지는 행동임을 말한다(예를 들어, 최소한 일주일
에 몇 시간씩 몇 달 동안이나, 한달에 몇 시간씩 몇 년간은 지속되어
야 한다). 민주성은, 자원봉사가 민주적 절차에 따라 균등한
기회를 제공하고 다양한 사람들의 민주적 의사결정과 합의
를 존중하는 활동임을 말한다.

2) 자원봉사의 동기

사람들이 자원봉사를 하는 이유는 무엇일까? 자원봉사활
동에 참여하는 동기는 직접적 동기와 간접적 동기로 나눌
수 있다. 자원봉사의 직접적 동기에는 다양한 경험의 추구,
친구나 부모의 권유, 여가 선용과 자기 위로, 도덕적 의무와
사회 환원, 종교적 신념, 사회문제 해결을 위한 참여 등 다양
한 요인이 있다. 간접적 동기에는 유사 봉사활동 경험, 극빈
자를 본 경험, 친구나 친척의 병고와 죽음, 가족의 이웃돕기
목격, 존경하는 인물의 봉사활동 목격, 종교단체 활동의 일
환, 자기 병고의 경험, 타인의 도움을 받은 경력 등 다양한
요인이 있다.
또한 자원봉사의 동기를 크게 이기적·이타적·사회심리
적 동기로 나눌 수 있다. 첫째, 이기적 동기는 자원봉사 경험
을 통해 지식·기술·정보 등을 얻고자 하는 것이다. 나아가

장애인과 함께 하는 자원봉사활동에 나선 청소년들. 자원봉사활동은 사회적 약자를 도와줄 뿐만 아니라, 자신과 다른 가치관과 문화를 가진 타인에 대한 이해를 높여 사회통합을 이루는 데도 중요하다.

타인에 대한 봉사를 통해 자신의 잠재력을 계발하고 인격을 연마하며, 자아실현과 같은 희열을 체험하려고 한다. 둘째, 이타적 동기는 타인의 행복을 위해 남을 돕거나, 사회 전체의 이익을 위해 활동하는 이타주의나 공공정신에 의거한 것이다. 셋째, 사회심리적 동기는 봉사활동을 통해 공동체에 소속감을 느끼고 타인과의 관계를 발전시키며, 소외에서 벗어나고자 하는 욕구를 말한다. 자원봉사활동은 어느 하나의 동기나 욕구만 작용하는 것이 아니라 이기적·이타적·사회심리적 동기가 융합되어 이루어진다고 볼 수 있다.

3) 자원봉사의 영역과 유형

자원봉사활동은 전통적으로 복지기관이나 병원에서 이루어져왔으나, 오늘날에는 다양한 영역에서 일어나고 있다. 저소득층 아파트 보수, 독거노인이나 소년소녀가장 돕기, 에이즈 환자 돌보기, 가출 청소년 상담, 체육대회 및 국제행사 안내, 지진 및 홍수피해 복구, 무료 진료와 법률 자문,

지역 합창단 활동, 환경보호 감시활동 등 다양하다. 여기서는 자원봉사의 영역을 다섯 가지로 분류해보기로 하겠다.

첫째, 전통적으로 사회복지시설이나 의료기관에서 하는 활동을 들 수 있다. 노인·장애인·아동·전과자·환자 등을 수용하는 다양한 복지시설이나 의료기관에서 행하는 친교, 상담, 교육, 간호, 헌혈, 장기 기증, 호스피스(hospice)와 같은 봉사활동이 있다.

둘째, 공공기관에서 이루어지는 활동이 있다. 정부기관에서 각종 공공문제를 해결하기 위한 활동에 참여해서 민원 상담, 청소년 선도, 범죄 예방, 환경 감시, 교통정리, 불법행위 순찰, 행사 안내와 같은 봉사활동을 할 수 있다.

셋째, 정책 과정에 대한 참여활동이 있다. 이것은 전문직 종사자가 정부위원회나 NGO의 정책활동에 참여함으로써 의제 설정, 대안 모색, 기획, 정책 결정, 공공 서비스 전달, 정책 평가와 같은 과정에 참여하는 것이다.

넷째, 국제적 차원에서 일어나는 봉사활동이 있다. 타국, 특히 제3세계의 각종 재해나 전쟁과 빈곤을 예방·해결하기 위해 긴급 구호, 의료, 교육, 개발, 환경 보호, 문화재 보호와 같은 활동을 할 수 있다. 특히, NGO가 급속하게 분출하고 국제교류가 활발함에 따라 NGO를 통한 국제 자원봉사가 활발하다.

다섯째, 인터넷을 통한 활동이 있다. 오늘날 인터넷이 주요한 교류와 통신수단으로 등장함에 따라 인터넷을 통해 각종 자원봉사활동이 이루어지고 있다. 예를 들어, 기획, 상담, 자문, 번역, 연구 조사, 교육, 정보 제공, 웹 사이트 관리와 같은 봉사활동이 인터넷을 통해 이루어질 수 있다.

자원봉사는 이렇게 다양한 영역에서 일어나고 있고 그 형태도 다양하다. 자원봉사의 유형에는 직접 서비스를 제공하는 것 외에 모금, 자문과 상담, 변호 활동, 교육, 정보 제공, 행사 조직, 방문과 교제, 행정 지원, 위원회 활동, 정책 참여, 캠페인 참여, 스포츠 행사 안내 등이 있다. 이를 영역별로 나누면, 첫째, 노인, 장애인, 청소년, 아동, 여성, 환자, 소수민족, 알코올 중독자, 재소자와 같은 사회적 약자를 위한 대인지원활동이 있다. 둘째, 환경보호, 청소년 선도, 범죄 퇴치, 소비자권리 보호, 교육, 위생 활동, 교통정리와 같은 사회지원활동이 있다. 셋째, 타국이나 제3세계에서 국제 교류, 난민 구호, 빈민 구제, 사회 개발, 전쟁 방지 등과 관련된 국가지원활동이 있다. 그리고 자원봉사는 시간을 투입하는 노력봉사, 시간이 없을 경우 기부금이나 성금을 내는 활동, 그리고 고차원적으로는 헌혈, 장기기증, 입양과 같은 봉사가 있다.

2. 자원봉사의 필요성과 기능

1) 자원봉사의 필요성

민간영역의 자원적(voluntary) 에너지를 활용하는 것은 인간에게 필수적인 서비스를 제공하고, 사회적 평등을 촉진하며, 인간의 자율성을 높이는 데 매우 중요하다. 물질주의로 인해 인간성이 메마르고 신자유주의의 부상으로 정부역할이 축소되는 상황에서, 자원봉사는 전문성과 애정이 조화된 인간적 서비스를 제공한다. 그리고 정부에 대한 의존에서 벗어나 능동적으로 사회문제를 해결할 수 있는 대안사회를 구축하는 데 기여한다. 그래서 자원봉사를 '타인의 욕구를 지향하는 인류애의 가장 고귀한 충동이며 문명의 가장 위대한 약속'이라고 표현한다.

산업화가 진전됨에 따라 현대사회에서는 대부분의 사람들이 익명성이 높은 도시에서 생활하고, 공동체사회가 해체되었다. 자본주의체제가 보편화되어 경쟁·성장·물질이 강조되면서 인간성 상실, 도덕과 윤리의 쇠퇴, 빈부격차 확대, 소외 증대, 범죄와 사회적 일탈 증가, 자원 낭비, 자연 훼손, 환경오염과 같은 문제가 발생하였다. 점점 핵가족화되면서 이기주의와 가족중심주의가 팽배하고 자기 중심적 생활이 늘어난 반면, 이타주의가 쇠퇴하고 상호 협력과 공존의 정신이 사라지고 있다. 기계가 발달하고 지식사회가 도래함에 따라 생산성은 높아졌으나, 인간 주체성이 왜곡되고 실업률이 늘어나고 있으며, 노동의 양분화와 함께 사회적 불평등이 심화되고 있다. 문명사회가 되었다고 하지만, 전 세계에서 매년 3천만 명이 기아로 죽어가고, 수천만 명의 아동이 영양부족에 시달리며, 하루 1달러 미만으로 살아가는 사람이 12억 명에 달할 정도로 빈곤이 만연되어 있다.

현대사회의 이러한 병리현상 이면에는 사랑의 결핍, 교육의 형해화, 가족 해체, 물질주의 만연과 같은 문제가 도사리고 있다. 이것을 해결하기 위해서는 물질과 정신, 나와 타자, 개인과 전체, 민족과 세계, 기술과 자연 간의 화해와 조화를

20대 80 사회

신자유주의 아래에서 전문적이고 안정적인 직업과 비전문적이고 임시적인 직업 사이에 불평등이 가속화되고 있다. 이것을 '20대 80 사회'라고 부른다. 어느 정도 소득이 보장된 사람은 전체의 20% 뿐이고, 나머지 80%는 직장을 잃거나 임시직에 종사하는 사회를 말한다.

추구해야 한다. 나아가 정신적 가치를 회복하고, 협력과 공존의 문화를 회복시키며, 개인의 사회적 책임을 강화해야 한다. 그리고 개인간 교류의 증대, 활발한 시민참여, 시민 사이의 연대와 결속이 필요하다. 자원봉사는 바로 이러한 가치를 생성시키는, 인간의 자발적이고 자유로운 활동으로서, 자원을 재분배하고 인간적 유대를 강화하며 생활의 질을 높이는 중요한 수단이 된다.

2) 자원봉사의 기능

자원봉사에는 사랑, 자비, 자유, 인권, 연대, 복지, 평화, 평등, 진보, 문명과 같은 소중한 가치가 내포되어 있다. 여기서는 자원봉사의 기능을 크게 개인적 기능, 사회적 기능, 전 지구적 기능으로 나누어 살펴보기로 하겠다.

(1) 개인적 기능

자원봉사에는 다양한 개인적 기능과 역할이 있다. 먼저 개인은 자원봉사를 통해 타인과 교류할 수 있는 기회를 갖게 되고, 각종 사회적 경험을 할 수 있으며, 다양한 지식과 기술을 습득할 수 있다. 이러한 직접적 이익 외에도 자원봉사는 자유를 체험하고 사회적 시각을 확대하는 학습과정이라는 이점이 있다. 특히, 개인은 자원봉사를 통해 자아를 실현할 수 있다. 개인은 자원봉사를 함으로써 사회적 존재인 자신의 정체성을 발견하고 자신감과 잠재력을 계발할 수 있다. 나아가 사회 참여와 상호간의 연대를 통해 삶의 보람과 성취감을 느끼고, 인격적 성숙을 도모할 수 있으며, 정신건강을 향상시킬 수 있다. 사회봉사는 바로 자신에 대한 재발견을 통해 삶의 의미를 새롭게 하는 청량제가 된다. 우울증과 고독감을 호소하는 환자에게 정신과 의사가 자원봉사를 하도록 처방하고, 각종 부패와 범죄를 일삼는 범죄자에게 판사가 자원봉사를 통해 자신을 깨닫도록 판결하는 이유도 여기에 있다.

(2) 사회적 기능

자원봉사에는 다양한 사회적 기능이 있다. 첫째, 자원봉사는 필요한 사람에게 각종 인간적 서비스를 제공한다. 현대사회에서 국가는 다양하고 인간적인 복지 서비스를 제공하지 못하고 있다. 복지사회를 만들기 위해서는 관료제를 통해 형식적으로 서비스를 제공하거나 물질적 만족만을 추구할 것이 아니라, 개인이 요구하는 서비스를 시의 적절하고 인간적으로 제공해야 한다. 예를 들어, 소년소녀 가장이 고통을 당하고 있을 때 이제껏 정부가 해왔던 것처럼 그냥 쌀 한 포대를 배급해주는 것이 아니라, 인간적인 상담과 지속적인 보살핌이 필요하다. 봉사단체가 하는 소년소녀 가장 자매결연을 그러한 예로 들 수 있다.

둘째, 자원봉사는 유휴인력을 이용하여 사회적 약자를 지원함으로써 사회통합에 이바지한다. 자원봉사를 통해 사회적 약자가 사회에서 버림받거나 낙오자로 되는 것이 아니라, 사회의 소중한 일원으로 포용되는 것이다. 그리고 자원봉사 과정에서 제공자와 수혜자 사이에 상호 이해와 연대감이

문화생활은 현대인의 삶의 질을 높이는 데 매우 중요하다. 지역사회에서 축제는 주민이 동원되거나 방관자의 위치에 있는 것이 아니라, 준비 과정에 함께 참여하고 직접 시연하는 것이 되어야 하다. 사진은 NGO가 주최한 시민축제의 무용연기 장면.

높아지게 된다.

셋째, 자원봉사에는 지역사회를 활성화하는 기능이 있다. 자원봉사는 지역사회에서 상호원조, 공동체정신, 사회적 연대, 공동책임을 확대함으로써 지역사회의 문제들을 해결하는 것이다. 이러한 활동을 통해 지역사회가 인간적인 사회로 변화하고, 각종 개혁이 가능해지며, 범죄와 부패를 줄일 수 있다. 예를 들어, 지역사회에서 문화행사를 하는 것도 단순히 정부가 돈을 투입해서 행사를 기획하고 시민들은 수동적으로 참여하는 방식으로는 성공할 수 없다. 정부와 문화 NGO가 공동으로 행사를 기획하고 준비하는 과정에 많은 시민들이 자발적으로 참여할 때, 모두가 참여하고 즐기는 문화행사가 될 수 있다.

넷째, 자원봉사에는 여가 선용의 기능이 있다. 오늘날 과학기술이 발달하고 소득이 증대함에 따라 노동시간이 줄어들었다. 그러나 상대적으로 물질문명이 발달하고 각종 사회병리현상이 심화됨에 따라 퇴폐문화, 범죄, 마약, 알코올 중

독과 같은 부작용도 늘어나게 되었다. 자원봉사를 통해 남는 시간을 타인의 고통을 덜고 공공선을 키워나가는 노력에 투자함으로써 건전한 문화와 건강한 공동체를 만들 수 있다. 특히, 자원봉사활동은 노인에게 매우 중요한 의미가 있다. 가족이 해체되고 인간의 수명이 길어짐에 따라 노년기에 자원봉사자의 도움이 절실히 필요하다. 그리고 노인은 은퇴하고 나서도 일을 하고 싶은 욕구가 있기 때문에 봉사활동을 함으로써 자신감 회복, 소외 극복, 치매 방지, 자아실현 등을 이룰 수 있다. 의사의 말에 의하면 봉사활동을 열심히 하는 사람일수록 치매에 걸릴 확률이 낮다고 한다.

다섯째, 자원봉사는 민주시민 양성을 위한 교육에 중요한 기여를 한다. 신자유주의적 질서가 지배적인 시대상황에서 개인은 경쟁에 내몰리고, 경쟁에서 살아남기 위한 게임에 중독되어 있다. 이 과정에서 시민으로서의 자질과 태도, 공동체 발전을 위한 참여, 민주주의에 대한 이해와 실천과 같은 가치는 형해화되고 만다. 그러나 자원봉사를 통해 타인을 돕고 공공의 이익에 헌신함으로써 인간 존중, 관용과 양보, 공동체의식, 사회적 연대와 같은 민주시민으로서의 소양을 체험할 수 있게 된다. 특히, 청소년에게 자원봉사는 산교육이라고 할 수 있다. 청소년이 자원봉사활동에 참여함으로써 민주시민의 자질을 배우고 이질적인 문화에 대한 이해를 높이며, 장래에 지도자가 되기 위한 철학을 내면화할 수 있다.

(3) 전 지구적 기능

자원봉사는 국가·민족·인종·종교의 경계를 넘어 시행
되고 있다. 국경을 넘어 빈곤·전쟁·질병·재해로부터 인간
의 고통을 구제하고 생명을 보존하기 위한 봉사활동이 이루
어지고 있다. 나아가 제3세계 국가의 빈민·아동·여성·노
인의 인권과 복지를 위한 봉사활동이 활발하게 일어나고
있다. 오늘날 제3세계 주민의 안전한 삶을 보장하기 위해서
는 유엔이나 개별 국가의 노력만으로는 불가능하다. 인류의
복리와 평화는 국경을 넘어 진행되는 각종 NGO의 활동과
NGO에 의해 발생하는 각종 자원봉사활동에 크게 의존하고
있다.

3. 한국의 자원봉사

1) 자원봉사의 역사

한국에서 현대적 의미의 자원봉사는 20세기에 들어와서
시작되었다. 1903년 YMCA가 설립되고 1905년 대한적십자
가 설립되면서 봉사활동이 시작되었고, 1921년 태화기독교
사회관에서 여성계몽과 아동건강을 위한 봉사활동이 시행
되었다는 기록이 있다. 초기단계에서는 기독교 전파가 조직
적인 봉사활동에 커다란 영향을 끼쳤고, 해방 이후에는 학
생을 중심으로 한 농촌 봉사, 농촌 계몽, 문맹 퇴치, 질병
구제와 같은 봉사활동이 있었다. 1960년대에는 적십자운동

이 벌어졌고 1970년대에 새마을운동이 전국적으로 확산되면서 본격적인 봉사활동이 시작되었다. 그리고 1970년대에 대학생의 농촌 활동, 한국 사회복지협의회 결성(1970), 생명의전화 설립(1976) 등으로 자원봉사의 양적·질적 확대가 있었다.

1980년대에 와서 자본주의가 발달함에 따라 중산층이 늘어나고 민주주의가 발달함에 따라 인권존중이 보편화되면서 자원봉사를 위한 기초가 구축되었다. 이러한 기초 위에 1984년 한국여성개발원의 자원봉사인력은행 설치, 1986년 서울 아시안게임, 1988년 서울 올림픽의 영향으로 자원봉사가 전국적으로 확대되었다. 특히, 두 번의 국제 체육대회를 통해 자원봉사에 대한 시민의식이 새롭게 정립되어서 조직적이고 체계적인 자원봉사가 이루어질 수 있게 되었다. 이후 많은 자원봉사단체가 생겨나서 1991년에 한국 자원봉사연합회가 결성되었고, 1994년에 한국 자원봉사단체협의회가 조직되었다. 1994년에는 중앙일보가 언론계에서 앞장서서 자원봉사 캠페인을 시작했고, 1995년에는 한국 자원봉사포럼이 결성되었다. 여기에는 정부·학계·기업·사회복지관 등 각계의 자원봉사 전문가가 모여서 정책 대안을 제시하고 영역간 협력을 모색하였다. 이러한 영향으로 1995년에는 초·중·고등학교에서 자원봉사활동이 구체적으로 시작되었고, 1996년에는 한국 대학사회봉사협의회가 발족하였다(한국에서는 한양대학교가 1994년에 최초로 사회봉사단을 결성했고, 1995년에 사회봉사를 필수교양 과목으로 채택하였다). 1996년부터 광역자치단체를 중심으로 자원봉사 센터를 건립하

NGO를 모르면 대학도 못 간다

한국은 1990년대 이후 자원봉사활동이 크게 늘었다. 2002년 루사 태풍과 2003년 매미 태풍 때에는 전국에서 연인원 100만 명이 넘는 사람이 자원봉사활동에 참가하였다. 사진은 매미 태풍 이후 하천에 떠내려온 쓰레기를 줍고 있는 이주노동자 자원봉사자들.
ⓒ ≪오마이뉴스≫ 윤성효

기 시작하여 2004년 현재, 광역·기초자치단체에 240개 이상이 있다.

한국에서 자원봉사는 20세기에 들어와서도 매우 빈약하다가 1980년대 후반 이후 일반인의 자원봉사에 대한 인식이 확대되었다. 1990년대에 들어와서는 각급 학교에서 자원봉사 교육과 실행, **기업 자원봉사** 확산, 각종 NGO의 급속한 분출에 힘입어 자원봉사가 폭발적으로 증가하였다. 21세기에 들어와서는 2001년의 유엔 '세계자원봉사자의 해'에 맞추어 전국위원회와 지역위원회가 구성되고 각종 행사가 치러졌다. 그리고 2002년 부산 아시안게임과 한일 월드컵 이후에 자원봉사에 대한 각성과 실천이 더욱 확산되었다. 이 행사 이후 2002년 루사 태풍 때에는 강원도와 경북 지역의 태풍·수해 피해지역에 연인원 70만 명이 자원봉사활동에 참가할 정도로 발전하였다.

기업 자원봉사

미국은 세계에서 기업 자원봉사를 선도하는 국가로서 1980년대부터 제록스, 벨 전화사, 체이스맨하튼 은행, 팬암 항공사, IBM 등에서 활발하게 자원봉사활동을 하고 있다. 한국에서는 1990년대부터 삼성, 유한킴벌리, CJ, 포스코 같은 기업에서 사회봉사단을 구성하여 조직적으로 자원활동을 하고 있다.

2) 자원봉사 현황

세계에서 자원봉사활동이 가장 활발한 미국은 1994년에 18세 이상 성인의 48%가 주당 4.2시간 동안 자원봉사활동에 참여하였다고 한다. 이것은 연간 8,900만 명이 195억 시간을 봉사한 것이다. 공식적으로 발표된 시간인 150억 시간만 계산해도 880만 명의 전일근무(full-time) 고용가치에 해당하고, 화폐가치로는 1,820억 달러에 달했다. 이것은 그해 미국 전체에서 1년 동안 개인·재단·기업 등의 민간영역에서 제공한 기부금보다 많은 액수로서, 미국 국내총생산(GDP)의 2% 정도에 해당하였다. 1999년의 조사에서는 미국 성인의 자원봉사 참가율이 56%로 높아졌다. 그리고 75세 이상의 노인 중에서 43%가 자원봉사활동에 참여할 정도로 노인 자원봉사도 활발하다. 2003년에는 미국 청소년의 자원봉사 참가율이 70%를 넘어섰다고 한다. 그야말로 미국에서는 남녀노소, 소득, 인종, 종교, 지역에 관계없이 대부분의 사람이 자원봉사에 참가하고 있으며 자원봉사가 삶의 한 부분이 되어 있다.

한국의 건국설화인 단군신화에 나타난 홍익인간(弘益人間)은 널리 인간을 이롭게 한다는 뜻으로, 자애·이타·인권·공생·복지와 같은 이념과 가치를 내포하고 있다. 이를 현대적으로 풀이하면 민주복지사회 구현에 참여하는 실천윤리로서 자원봉사 이념을 함축하고 있다고 볼 수 있다. 그러나 이러한 유구한 전통에도 불구하고 한국에서 자원봉사 참여는 매우 빈약하다.

그림 6_ 세계 주요국가의
자원봉사 참여율

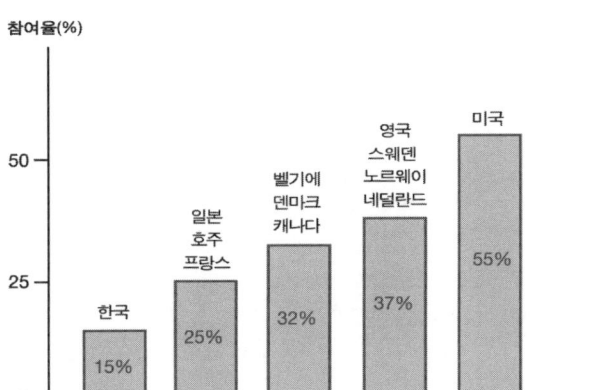

한국은 국가 주도로 근대화를 성취하고 국가에 의해 시민사회가 형성되었다. 그래서 서구 사회와 같이 시민혁명을 제대로 경험하지 못했고, 시민이 사회의 주체세력으로 서지 못하였다. 나아가 혹독한 식민시 지배, 파괴적인 전쟁, 억압적인 군부정권을 겪으면서 살아남기 위한 이기적 생존본능이 강해질 수밖에 없었다. 따라서 공공 이익에 대한 참여와 사회문제에 대한 책임의식이 빈약하였다. 오랫동안 지속된 경제적 빈곤 또한 공공의식이 형성되기에 어려운 조건이었다. 1960년대 이후 자본주의가 발전하면서 물적 토대가 형성되었으나, 물질주의와 황금만능주의가 발달하면서 자원활동의 가치는 뒷전으로 밀려났다. 유교적 가치가 왜곡되어 가족주의·온정주의·배타주의가 만연하여, 동창회·향우회·종친회 등 1차집단은 매우 활성화되었으나, 공공정신과 관련된 자원봉사나 시민단체의 활동은 빈약하였다. 더구나 군부정권은 시민사회의 단체활동이 정권에 대한 도전으로 전환되는 것을 우려하고 억압하였다. 따라서 시민들은 자신과 직접적인 이해관계가 없는 활동에는 무관심했고, 자발적으로 공동체의 일에 참여하는 시민정신을 만들어나가지 못하였다. 한국에서는 1990년대에 들어와서 민주주의와 자본주의가 발달하면서 자원활동이 활성화되기 시작하였다. 그러나 <그림 6>에서 볼 수 있는 바와 같이, 서구 사회는 물론이고 같은 아시아권 국가인 일본에 비해서도 턱없이 낮은 수준이다.

볼런티어 21이라는 단체가 2002년 전국 20세 이상의 성인 1,512명을 대상으로 조사한 바에 의하면, 한국인은 1년간 전체 성인의 16%가 주당 평균 2시간 동안 자원봉사활동에 참여하였다. 이것은 연인원 550만 명이 5억 3,200만 시간 동안 활동한 것에 해당한다. 이것을 2002년 한국 남녀의 시간당 평균임금을 6,800원으로 해서 화폐가치로 환산하면 3조 6,200억 원에 달하고, 이는 우리나라 국내총생산(GDP)의 0.7%에 해당한다. 2002년 한국의 자원봉사 현황을 정리하면 <표 8>과 같다. 구체적으로 살펴보면, 성별로는 남성

표 8_ 2002년 한국의 자원봉사 현황

주요 내용	정도
총 참가자 수	550만 명
총 자원봉사 시간	5억 3,200만 시간
총 화폐가치	3조 6,200억 원
평균 자원봉사 시간(주간)	1.9시간
평균 자원봉사 참가율(성인)	16.3%
GDP 대비 비율(2001)	0.66%

(47%)보다 여성(53%)이 많았고, 연령별로는 40대(34%)가 가장 많았다.

기혼자가 참가자의 75%를 차지했고, 학력별로는 대학 재학 이상이 42%를 차지하였다. 직업별로는 가정주부(28%)와 자영업자(20%)가 많았다. 자원봉사 참가자의 73%가 어떤 종류든 종교를 가지고 있었다.

3) 문제점과 활성화 방안

한국은 자원봉사에 대한 의식과 문화가 빈약하다. 이것은 인권이 존중되고 시민 참여가 활성화되는 근대 민주주의와 중산층의 증대를 가져오는 근대 자본주의의 발달이 늦었기 때문이기도 하다. 그리고 자원봉사에 대한 지원법이 아직도 제정되지 않은 것과 같이 제도적 문제점도 있다. 자원봉사 전문학자와 현장활동가가 10년 전부터 이에 대한 법률안을 국회에 제출했으나, 정치권과 지도자의 무관심 속에서 방치되고 있다. 미국에서는 1973년에 「국내자원봉사법」이 제정된 것을 보면 매우 안타까운 일이 아닐 수 없다. 「자원봉사지원법」이 제정되어야만 정부 내에 기구가 설치되고 자원봉사센터가 건립되어 정부지원을 원활하게 받을 수 있다. 그리고 자원봉사 전문가 양성, 조사 사업, 조세 감면, 경력 인정, 피해 보상 등도 가능해진다. 한국에서는 법률이 제정되지 않은 상황에서 전국에 자원봉사 센터가 수백 개나 존재하지만, 자원봉사활동을 총괄·지원·조정할 전담기구가 없다. 이로 인해 봉사기관이나 단체간 교류 및 협력 시스템이 부실하고 자원봉사의 전문가 양성이 이루어지지 않고 있다. 또한 자원봉사에 관한 교육은 민주시민의 소양으로서 매우 중요한 과목임에도 불구하고 각급 학교에서 피상적으로 다루어지고 있다.

한국에서 자원봉사를 활성화하고 문제점을 극복하기 위해서는, 먼저 지도층이 자원봉사에 대한 인식을 제고하고 자원봉사에 대한 정책을 수립해서 정부 지원을 해야 한다. 그리고 학교와 기업에서 연계망을 구축되고 자원봉사 전문가를 양성해야 한다. 또한 자원봉사에 대한 인식과 홍보의

표 9_ 한국의 주요 자원봉사단체

단체명	주소	전화번호
21C 공동체개발원	부산시 해운대구 우1동 수영요트경기장 314호	(051) 746-6799
곰두리봉사회	서울시 동작구 신대방동 남부장애인복지관 2층	(02) 435-1544
기독교연합봉사회	대전시 중구 문화동 기독교연합봉사회관	(042) 254-2323
대한적십자사	서울시 중구 남산동3가 32	(02) 3705-3573
볼런티어 21	서울시 송파구 석촌동 290 현대빌딩 3층	(02) 415-6576
부름의전화	서울시 용산구 원효로 임병욱한의원 3층	(02) 701-7411
불교자원봉사연합회	서울시 종로구 당주동 2-3 성보빌딩 3층	(02) 723-6258
인천시민자원봉사회	인천시 남동구 간석동 617-33 영남빌딩 2층	(032) 439-4104
자원봉사애원	서울시 광진구 중곡동 한국문화재단 3층	(02) 2201-6634
다일복지재단	서울시 동대문구 전농1동 49-77	(02) 2212-8004
전석복지재단	대구시 달서구 두류1동 776-8	(053) 652-8067
한벗장애인이동봉사대	서울시 용산구 효창동 5-134	(02) 712-6094
세계청년봉사단	서울시 중구 충정로1가 청양빌딩 9층	(02) 733-1387
한국자원봉사연합회	부산시 동구 초량3동 1194-10 대동빌딩 8층	(051) 462-9950

확대를 위해서 언론의 역할이 필요하다. 특히, 공영방송에서 이에 대한 심층 보도와 공익광고를 활성화해야 한다. 지방정부의 역할도 중요하다. 자원봉사가 주로 지역사회를 중심으로 이루어지기 때문에 지방자치단체와 시민사회가 상호 협력해서 지방 수준에서 자원봉사가 활성화되도록 유인해야 한다. 그리고 자원봉사는 청소년 시절부터 교육받고 직접 체험해야 하기 때문에 이에 대한 학교 교육이 강화되어야 한다. 정부나 기업에서도 자원봉사활동에 대한 보상제도를 강화하고 이를 경력으로 인정해주는 제도를 만들어야 한다. 특히, 사회지도층 인사는 솔선수범해서 기부와 사회봉사에 나섬으로써 모든 청소년에게 모범을 보여야 한다. 자원봉사의 날을 공휴일과 연계하여 가족이 함께 자원봉사에 참가하고 자원봉사에 대한 인식을 확장시킬 수 있도록 하는 것도 하나의 방법이다(식목일을 공휴일로 해 나무심기를 하는 것과 같은 방식이다).

　<표 9>는 한국 자원봉사단체협의회에 소속된 주요 자원봉사단체의 목록이다.

4. 자원봉사와 NGO

1) 자원봉사에서 NGO의 역할

　자원봉사를 전문적으로 수행하는 단체는 정부에 소속되어 있거나 조직운영에 정부가 깊숙하게 관여하지 않는 경우

라면 대부분 NGO라고 할 수 있다. 즉, 자원봉사단체란 시민들이 자발적으로 참여해서 사회문제를 해결하기 위한 목적으로 봉사활동을 하는 단체이다. 21세기에는 생산성 증가와 여가시간 확대, 탈물질적 가치에 대한 관심, 노인 인구 증가, 청소년의 사회적 역할 확대, 국제 교류와 원조 확대 등으로 인해 전 세계적으로 자원봉사가 늘어날 것이다. 그리고 자원봉사가 노인, 여성, 청소년, 아동, 장애인, 환자, 알코올 중독자, 에이즈 환자 등과 관련된 각종 사회문제를 해결하는 중요한 수단이 될 것이다. 자원봉사가 시민의 자발적 참여에 의해 이타주의를 실현하고 각종 사회문제를 예방·해결하는 생산적인 에너지가 되기 위해서는, 전문기관이 자원활동을 조직화하고 시민은 자원활동을 일상적으로 실천해야 한다. 이것은 자원봉사를 전문으로 하는 각종 NGO가 중추적인 역할을 수행해야 함을 의미한다.

현대사회에서 자원활동은 사회적 약자에게 복지 서비스를 제공하는 것에 국한되지 않는다. 자원활동은 사회구조를 개혁하고 시민문화를 정착하기 위한 조직적이고 지속적인 시민운동으로 전환되고 있다. 억압·불평등·착취·부패와 같은 문제를 구조적으로 개선하기 위해서는 자원활동이 NGO가 전개하는 시민운동과 연계되어야 하기 때문이다. 그리고 자원활동이 지역사회나 주권국가의 범위에 머무르지 않고 국경을 넘어 인간의 고통을 구제하기 위한 활동으로 확장되었다. 이러한 활동도 단순히 서비스를 제공하는 것에만 제한되는 것이 아니라, 불행을 초래하는 구조를 개혁하는 전 지구적인 NGO활동과 연계되어야 한다[국제적으로 자원활동을 조직하고 자원봉사자를 배치하는 카리타스(Caritas), 적십자사(the Red Cross), 보이스카우트(Boy Scout), 걸스카우트(Girl Scout), 유엔자원봉사단(UNV), 지구촌자원봉사단(the Global Volunteers), 자원봉사정보서비스(Voluntary Work Information Service) 등은 NGO라고 할 수 있다].

2) NGO에서 자원봉사의 의미

NGO를 다른 말로 자원조직(voluntary organization)이라고 하는데, NGO는 시민이 자발적으로 만든 것이고 자원봉사가 주된 활동방식이기 때문이다. 자원활동이 없는 NGO는 생존할 수 없고 생존한다고 하더라도 효과적으로 서비스를 제공하거나 시민운동을 전개하기 어렵다. 자원활동이 없는 NGO는 그야말로 관료화된 조직이거나 명목상의 조직에 지나지 않는다. 적십자사·소비자단체·환경단체·모금단체 등에서 활동하는 사람은 회원이든, 비회원이든, 대부분 자원봉사자이다.

NGO에서 자원활동을 활성화하는 것은 단체의 활력에 매우 중요하다. NGO에서 자원봉사는 몇 가지 중요한 의미를 지닌다. 첫째, 자원활동은 NGO의 중요한 재정적 원천이다. NGO에서 자원활동은 기부금보다 더 중요한 재징직 역할을 한다. 미국의 경우 1992년 통계를 보면, 모금을 전문으로 하는 재단형 NGO에서 전체 직원의 78%가 자원봉사자였다. 일본에서도 NGO의 많은 활동이 자원봉사자에 의해 이루어진다. NGO에서 자원봉사자가 하는 일을 모두 직원을 고용하거나 임금노동으로 대체해야 한다면, 심각한 재정위기에 봉착하게 될 것이다.

둘째, 자원활동은 기부금에도 긍정적 영향을 미친다. 전 세계적으로 볼 때 대체로 자원봉사 경험이 있는 사람이 기부금을 더 많이 내는 것으로 나타났다. 미국에서는 1999년 독립 섹터(Independent Sector)에 대한 조사에서 자원봉사자가 그렇지 않은 사람보다 평균적으로 2.5배나 많은 기부금을 내는 것으로 나타났다. 한국에서도 2001년 아름다운 재단의 조사에서 자원봉사자가 그렇지 않은 사람보다 평균적으로 2배나 많이 기부활동에 참여하는 것으로 나타났다.

셋째, 자원활동은 NGO에 대한 시민 참여를 촉진시킨다. 전 세계적으로 시민 참여 부족은 재정 부족과 함께 NGO 활동에 가장 큰 장애요인이다. 자원활동이 활발할 때 NGO는 회원을 모집하기 쉽고 각종 프로그램에 대한 시민 참여가 늘어난다. 회원이든, 비회원이든, 시민운동의 현장에 참여하는 자원봉사자 없이는 효과적인 시민운동을 전개하기 어렵다.

넷째, 자원활동은 전문직 종사자의 NGO 참여를 촉진한다. 최근 전문직 종사자의 자원봉사 참여율이 증가하고 있다. 여러 가지 원인이 있지만, NGO의 자문위원회나 정책위원회에 대한 전문직 종사자 참여 증대의 일환이기도 하다. 변호사·의사·교수·교사·공무원·기업가·성직자와 같은 전문직 종사자들은 NGO에 참여해서 진료·교육·상담·자문·기획·관리와 같은 봉사활동을 한다. 전문직의 자원봉사는 전문 지식을 가지고 체계적으로 사회문제를 예방·해결하는 데 기여할 수 있고, NGO 활동에 중요한 동력이 될 수 있다.

질문과 토론

1 두 사람의 전업주부가 있다. 한 사람은 하루에 4시간씩 일주일에 이틀 동안 봉사활동을 하고, 다른 한 사람은 그냥 집안일만 한다. 두 사람의 일상생활에서 만족도는 어떻게 다르며, 미래에 새로운 생활을 할 경우 어떤 차이가 있는가? 예를 들어, 두 사람이 나중에 회사에 취직을 하거나 지방의 회 의원이 된다고 할 때 어떤 차이가 있을까?

2 혼자 사는 생활보호대상자 할머니는 동사무소로부터 매달 쌀 20kg을 받는다. 그런데 무거운 쌀 포대를 혼자 힘으로는 집으로 옮길 수 없다. 할머니는 쌀 포대가 작게 여러 개로 포장되기를 바라지만 동사무소에서는 그렇게 할 수 없다. 이 때 정부의 한계는 무엇이고, 자원봉사단체는 어떤 역할을 할 수 있는가?

3 봉천노인악단이라는 자원봉사단체는 인형극, 연극 등을 연습해서 지역사회의 고아원이나 저소득층 어린이집을 찾아다니며 공연을 한다. 노인들은 어린이를 즐겁게 하기

위해 온갖 재롱을 피우고 땀을 흘리면서 공연한다. 실제로 어린이는 할아버지와 할머니의 공연 모습을 보며 매우 즐거워한다. 이때 공연을 하는 노인의 입장에서는 일상생활에 어떤 즐거움과 장점이 있을까?

4 고등학생이 대학 진학에 유리한 평가를 받기 위해 양로원에서 봉사활동을 한다. 일주일에 2시간씩 노인과 대화를 하고, 방청소를 하고, 목욕을 도와주고 봉사활동 확인서를 받아온다. 이러한 봉사활동은 사회 전체의 관점에서 볼 때 어떤 점에서 문제가 있고, 또 어떤 점에서 이점이 있는가?

5 당신이 나중에 대통령이 된다면 가정의 달, 문화의 달, 청소년의 달인 5월에 하루 시간을 내어, 작업복을 입고 하루 종일 직접 자원봉사활동을 하는 모습을 청소년과 국민들에게 보여줄 용의가 있는가? 이렇게 할 경우 이것은 청소년들에게 어떤 교훈이 되고, 국가 발전에는 어떤 의미를 지니는가?

부록 ■ ■ ■

한국의 주요 NGO

환경분야 — 환경운동연합

1982년 한국 최초의 환경단체인 한국공해문제연구소가 창립되었고, 이 연구소는 1988년 공해반대시민운동협의회 및 공해추방운동청년협의회와 합쳐서 공해추방운동연합(공추련)을 결성하였다. 이것이 환경운동연합의 전신인데, 공추련은 1993년 4월 전국의 주요 8개 환경단체와 함께 환경운동연합으로 통합되었다. 환경운동연합은 환경적으로 지속 가능한 사회를 건설하고 산업구조를 친환경적으로 개혁하기 위하여 각종 환경운동을 벌이고 있다.

환경운동연합의 주요 사업으로는 환경연구, 환경교육, 환경감시, 핵발전소 및 핵폐기장 설립 반대, 쓰레기 소각장 및 골프장 건설 반대, 그린벨트 및 생태계 산림보존 등에 대한 캠페인과 현장활동을 들 수 있다. 러시아 핵폐기물 동해안 투기 폭로, 시화호 방류에 따른 해양생태계 조사, 대만 핵폐기물 북한 반입 저지, 동강댐 건설 반대, 부안 핵폐기장 건설 반대, 새만금 개발 반대 3보1배 행사 등과 같은 활동을 하였다.

2004년 현재 전국에 46개의 지역조직과 연대단체를 구성하고 있고(회원은 8만여 명, 연간예산은 20억 원 정도), 내부에 시민환경연구소, 시민환경정보센터, 에너지대안센터, 공익환경법률센터, 환경교육센터 등 다양한 유관조직 또는 부설기관을 두고 있다. 창립 이후 오랫동안 사무총장을 맡아왔던 최열과 임길진이 공동대표를 맡고 있고, 사무총장은 서주원이다. 사무실은 서울시 종로구 누하동에 있고, 전화번호는 (02) 735-7000이다.

인권분야 ─ 인권운동사랑방

인권운동사랑방은 1993년 새로운 인권운동을 표방하며 서준식을 중심으로 하여 결성되었다. 그해 ≪인권하루소식≫이라는 인권전문 팩스 신문을 창간하였다. 인권운동사랑방은 차별로부터 자유롭고 평등하고 평화로운 인간권리를 주창한다. 특히, 정의롭지 않은 권력에 맞서 사회적 약자의 이익을 옹호한다.

인권운동사랑방은 인권정보 제공, 국제인권회의 참가, 인권교육과 자료발간, 인권조사와 캠페인, 인권영화제 개최, 인권입법청원, 반인권법 폐지 및 개정운동 등과 같은 활동을 한다. 청송보호감호소 인권유린 실태 고발, 국가인권위원회 설치 단식농성, 롯데호텔 노조파업 경찰력 투입 조사, 양심적 병역거부와 대체복무제 제안, 보호감호제도 폐지 주장, 네이스(NEIS) 반대, 남산 옛 안기부 터 인권공원 추진, 원폭 2세 처우개선 요구와 같은 활동을 하였다.

인권운동사랑방의 조직구성은 특이하다. 대표가 따로 있는 것이 아니라 상임활동가 16명 전원이 대표성을 가지고 의사결정과 집행에 참여하는 수평적 의사결정구조를 가지고 있다. 그리고 회원 대신에 50여 명에 달하는 자원활동가와 400여 명에 달하는 후원자가 있다. ≪인권하루소식≫은 민주언론상을 수상하였고, 단체는 시민인권상을 수상하였다. 사무실은 서울시 종로구 명륜동에 있고, 전화번호는 (02) 741-5363이다.

평화·통일분야 ─ 민족화해협력범국민협의회

민족화해협력범국민협의회(민화협)는 1998년 흡수통일이나 무력통일을 반대하고 남북이 힘을 모아 민족공동의 번영을 이루기 위한 통일운동을 전개하기 위하여 171개 남북한 정당과 사회단체가 모여 결성하였다. 민화협은 남북이 기본합의서의 정신에 따라 서로 화해하고, 교류와 협력의 증진을 통하여 평화를 정착시키고 궁극적으로 통일을 달성하는 것을 목표로 한다.

민화협은 정부가 자기 역할을 하도록 이끌고, 민간 차원에서 남북간의 화해와 협력을 추진하기 위하여 다양한 활동을 한다. 통일기행, 학술대회, 토론회, 평화축제, 남북한 기본합의서 실천 결의대회, 통일의식 조사사업 등을 한다. 8·15 대축전, 사이버 인간띠잇기대회, 통일마라톤대회 등을 개최하기도 하였다.

2003년부터 격월간지 ≪민족화해≫를 발간하고 있다. 2004년 현재 이수성, 이경숙, 이장희 등 13명이 공동의장을 맡고 있다. 사무실은 서울시 영등포구 여의도동에 있고, 전화번호는 (02) 761-1213이다.

여성분야 — 한국여성단체연합

한국여성단체연합(여연)은 한국여성단체협의회(여협)와 함께 대표적인 여성 NGO 연합체이다. 여연은 1987년 2월에 21개 조직이 참여하여 여성운동단체간의 협력과 교류를 도모하고 성평등, 여성복지, 민주통일사회 실현을 목표로 창립되었다. 창립 당시 김희선, 이우정, 박영숙 등이 핵심역할을 하였다.

여연의 주요사업으로는 성차별적인 법·제도·의식·관습의 개혁, 여성복지 확대, 여성의 정치·공직참여 확대, 여성 정치교육, 여성 고용의 안전과 평등 추구, 여성폭력 방지, 성 상품화 방지, 평화·통일에 대한 여성의 역할 증진, 여성문화활동 등이 있다. 고용평등, 가정폭력 방지, 여성고용할당제 등과 관련된 법률의 제정에 기여한 것이 주요 업적이다.

2004년 현재 전국 250여 개의 여성단체가 회원으로 가입되어 있고, 내부에 여성미디어센터, 대안사회정책연구소, 여성정치발전센터, 평등사랑변호사모임과 같은 부설기구를 두고 있다. 현재 정현백, 남인순, 이강실이 공동대표를 맡고 있다. 사무실은 서울시 중구 장충동에 있고, 전화번호는 (02) 2273-9535이다.

예술·문화분야 — 문화연대

　문화연대는 지금까지의 경제 중심적 발전에 대해 성찰하고, 개인이 타인과 연대하여 친밀한 관계를 유지하고 자신의 희망과 욕망을 최대한 구현할 수 있는 문화사회를 실현한다는 취지로 1999년 9월에 창립되었다.

　주요사업으로는 문화정책 감시와 대안 제시, 시민자치 문화활동, 문화제 개최, 문화산업 관련 공청회·조사·연구 등을 들 수 있다. 주요 업적으로는 서울 대탐험, 아줌마 문화카페 개최, 덕수궁터 미대사관 아파트 건축 반대운동, 아파트문화공동체 만들기운동, 책 읽는 사회 만들기운동 등을 들 수 있다.

　문화연대는 내부에 시민자치문화센터, 문화행동센터, 공간환경위원회, 문화유산위원회, 문화교육위원회, 청소년문화위원회, 매체문화위원회, 문화사회연구소와 같은 각종 위원회를 설치하여 다양한 문화활동을 하고 있다. 2004년 현재 회원은 2,000여 명이다. 대표는 도정일, 사무총장은 지금종이 맡고 있다. 사무실은 서울시 서대문구 충정로에 있고, 전화번호는 (02) 773-7707이다.

교육·연구분야 — 참교육을위한전국학부모회

　참교육을위한전국학부모회(참교육학부모회)는 1989년 9월 입시 위주와 학벌 위주의 교육이 자녀의 꿈과 개성을 빼앗는 현실을 비판하고, 아이들의 자율성·창의성·공동체정신을 계발할 수 있는 교육환경과 교육정책을 만들어나가는 과정에서 학부모의 책임을 다하기 위하여 결성되었다.

　주요사업으로는 교육현안에 대한 정책대응, 교육자치 지원활동, 교육강좌 소모임활동, 출판·홍보활동, 교육 평가·감시 활동, 학부모상담실 운영 등을 들 수 있다. 그 동안 촌지근절, 고교평준화 수호, 학교폭력 근절, 교육자치정책 제안과 같은 성과를 이루었다.

참교육학부모회는 내부에 교육자치위원회와 학벌문제특별위원회와 같은 특별 기구를 두고 있고, 전국에 15개 시도지부와 37개 지회를 두고 있다. 1991년 이후 ≪학부모신문≫을 발간해오고 있다. 2004년 현재 회원으로 1만여 명이 가입되어 있고, 박경량이 회장을, 박인옥이 사무처장을 맡고 있다. 사무실은 서울시 서대문구 냉천동에 있고, 전화번호는 (02) 393-8900이다.

정치문화분야 ─ 공명선거실천시민운동협의회

공명선거실천시민운동협의회(공선협)는 유권자의 적극적 참여를 통해 올바른 선거문화를 정착시킴으로써 민주주의의 발전에 기여하려는 목적으로 1989년에 설립되었다. 2002년 4월 전국 지방선거를 앞두고 바른선거유권자운동으로 개칭하였으나, 이후 명칭을 다시 공선협으로 환원하여 지금에 이르고 있다.

공선협의 주요사업으로는 깨끗한 선거 정착을 위한 부정선거 감시활동, 정책선거 정착을 위한 정책 캠페인 활동, 바른 후보자 선택을 위한 후보자의 정책·자질 검증활동, 선거문화 혁신을 위한 유권자 의식개혁과 유권자 참여운동 등이 있다. 2000년 총선연대활동 때에도 부패한 후보자의 낙선·낙천운동에 참여하지 않고 정보제공과 정책검증을 위주로 하는 온건한 시민운동을 전개하였다.

2004년 현재 68개 단체가 가입되어 있으며, 사무처는 경실련과 흥사단의 협동사무처로 구성되어 있다. 현재 상임공동대표는 손봉호이다. 사무실은 서울시 종로구 동숭동에 있고, 전화번호는 (02) 747-9898이다.

의료분야 ─ 사랑의장기기증운동본부

사랑의장기기증운동본부는 1991년 1월 난치병 환우들에게 건강한 장기를 기증함으로써 새 생명을 찾아주자는 취지에서 박진탁 목사가 각계 인사들과 함께 시작한 나눔운동으로서, 사랑의 실천운동을 통하여 국민화합과 건강증진을 도모하려는 목적으로 설립되었다.

재단법인 사랑의장기기증운동본부는 '10년을 넘어 100년을 향해'라는 구호 아래 다양한 방법으로 홍보를 하고, 사업을 실시하고 있다. 주요사업으로는 각 분야별 전문가 양성을 위한 전문인력 교육, 환우의 사회복귀를 위한 재활 프로그램 개발, 시신기증자를 위한 나눔공원 조성사업 등이 있다. 적극적으로 활동해온 결과 최근에는 장관, 국회의원, 교수, 성직자 등 사회지도층 인사의 장기기증 서명이 늘어나고 있다.

사랑의장기기증운동본부는 내부에 사업국과 원무국, 인공신장실을 두고 있고, 전국에 14개의 시도지부가 있다(뉴욕에도 1개의 국제지부가 있다). 2004년 현재 장기기증희망자, 후원회원, 자원봉사회원을 포함하여 36만여 명의 회원이 있고, 이사장은 한정남이다. 본부 사무실은 서울시 서대문구 충정로 3가에 있고, 전화번호는 (02) 363-2114이다.

청소년·아동분야 — 흥사단

흥사단은 현존하는 한국 시민단체 중에서 가장 역사가 오래된 단체이다. 1907년 도산 안창호가 신민회를 조직하고 1909년에 그 산하에 청년학우회를 설립한 것이 흥사단의 전신이다. 이 두 단체가 소위 '105인 사건'으로 일본에 의해 강제로 해산되자, 안창호는 1913년 5월 미국의 샌프란시스코에서 조국의 해방에 공헌하는 청년을 양성하자는 취지로 흥사단을 창립하였다(해방 이후 1949년에 본부를 국내로 이전하였다). 이후 안창호의 정신을 계승하고 정신혁명과 인격교육을 통하여 민족부흥을 이루는 것을 목적으로 삼고 있다. 설립취지와 목적을 달성하기 위하여 인격훈련, 단결훈련, 공민훈련 등 3대훈련을 실시하고, 무실(務實), 역행(力行), 충의(忠義), 용감(勇敢) 등 4대 정신의 생활화를 강조한다.

흥사단의 주요사업으로는 청소년 수련, 청소년 지도자 육성, 청소년 봉사활동, 지역사회운동, 통일교육, 청소년 연구 및 자료발간 등을 들 수 있다. 주요 업적으로는 각종 청소년교육을 실시하여 10만 명의 이수자를 배출함으로써 청소년의 인격교육과 공민교육에 크게 기여한 것을 들 수 있다. 그리고 다른 NGO와 연대하여 각종 시민운동을 전개하였다.

1964년에 창간된 ≪기러기≫를 비롯하여 여러 잡지를 간행하고,『도산 안창호』, 『흥사단운동』 등 많은 간행물을 발간하였다. 2004년 현재 회원은 4만여 명이고, 국내에 15개 지부, 해외에 7개 지부가 있다. 내부에 민족통일운동본부, 투명사회운동본부, 교육운동본부와 도산아카데미연구원, 청소년연구원, 도산청소년재단, 청소년자원봉사센터 등의 부설기관과 유관단체가 있다. 현재 이사장은 김소선이고, 사무총장은 안재환이다. 사무실은 서울시 종로구 동숭동에 있고, 전화번호는 (02) 743-2511이다.

복지일반분야 ─ 한국백혈병어린이재단

매년 1,200명에 달하는 어린이가 (백혈병을 포함한) 소아암 진단을 받고 있는 현실을 극복하기 위하여 1991년 11월 의사, 간호사, 환자의 부모, 일반시민이 모여 백혈병어린이후원회를 설립한 것이 한국백혈병어린이재단의 전신이다. 이 후원회는 2001년 재단으로 승격하여 소아암 어린이와 가족을 체계적으로 지원하게 되었다. 한국백혈병어린이재단은 백혈병 및 소아암을 앓고 있는 어린이가 적절하게 치료받고 퇴원 후에 건강하게 사회의 일원으로 복귀할 수 있도록, 의료 서비스를 제공하고 백혈병과 소아암에 대한 법적 제도를 정비하는 것을 목적으로 한다.

한국백혈병어린이재단은 어린이 소아암 환자의 치료 및 정서 안정을 지원하고, 환자와 환자 가족의 숙박·상담·정보제공을 위한 쉼터를 운영한다. 그리고 어린이 소아암에 관한 연구와 자료발간, 홍보활동과 같은 사업을 실시하고 있다. 그동안 진료비를 확보하기 위하여 '새생명 나누어주기 운동'을 전개해왔고, 환자의 전용 휴양시설인 푸른우리마을을 건설하였으며, 소아암 어린이 쉼터인 우체국 흰사랑의 집을 운영하고 있다.

이 재단을 후원하기 위하여 우체국, 기업, 노동조합, 동창회, 직장인들이 다양한 형태의 후원회를 결성하여 활동하고 있다. 2004년 현재 회원은 1만 1,000여 명이고, 이사장은 송상현이 맡고 있다. 사무실은 서울시 종로구 연건동에 있고, 전화번호는 (02) 766-7671이다.

소비자권리분야 — 소비자문제를연구하는시민의모임

소비자문제를연구하는시민의모임(소시모)은 소비자의 안전을 지키고 사회의 투명성을 확보하기 위한 소비자운동을 전개하기 위하여, 1983년에 설립되었다. 초대 회장은 김동환이 맡았다.

주요사업으로는 안정성, 공정한 거래, 자원과 환경을 보호하기 위한 조사연구, 소비자가 일상에서 겪게 되는 법률적 갈등이나 불만을 해결하기 위한 법률상담, 일상생활에서 상품과 서비스로 인해 발생한 피해를 해결해주는 일반상담, 소비자를 위한 교육 및 정보제공, 소비자 안전확보운동, 국제 소비자기구와 국제 민간단체와의 교류 및 연대사업 등이 있다.

소시모는 서울에 1개 지회, 전국에 5개 지부가 있다. 그리고 내부에 안전성, 공정한 거래, 지속 가능성 등 세 가지 주제를 다루기 위한 22개 위원회를 두고 있다. 2004년부터 월간지 《소비자 모임》을 창간하여 발행하고 있다. 2004년 현재 회원은 전국적으로 6만 5,000여 명에 달한다. 회장은 김재옥이 맡고 있고, 사무실은 서울시 종로구 신문로 2가에 있다. 전화번호는 (02) 739-5441이다.

권력감시분야 — 참여연대

참여연대는 1994년 9월 교수, 변호사와 같은 전문가를 주축으로 300여 명이 발의하여 창립되었다. 참여연대는 국가권력과 시장권력을 감시하고 정책을 제안하여 인권과 복지가 실현되는 참여민주주의사회를 건설하는 것을 목적으로 하고 있다. 창립 당시에 박원순 변호사와 조희연 교수가 핵심적 역할을 하였다.

참여연대의 주요 사업으로는 부정부패 방지, 소액주주운동, 재벌개혁, 예산감시, 공익소송, 정치개혁, 사법개혁, 조세개혁, 언론개혁, 인권보호 등에 대한 캠페인·감시활동·입법청원·연구조사 등이 있다. 그동안 사법개혁, 소액주주운동, 복지개혁운동, 정치개혁운동 등에서 큰 성과를 남겼다. 2000년에 참여연대가 주도한 총선시민연대의 낙천낙선운동은 국회의원 선거에 커다란 영향을 미쳤을 뿐만 아니라, 전 세계적으로 알려지게 되었다. 참여연대는 현존하는 한국 시민단체 중에서 가장 영향력이 강한 몇 개 단체 중 하나이다.

2004년 현재 1만 4,000여 명의 회원이 있고, 내부에 참여사회연구소, 참여사회아카데미, 시민과학센터, 공익법센터 등의 부설기구와 맑은사회운동본부, 작은권리찾기운동본부 등 다양한 활동기구가 있다. 현재 박상증, 최영도, 이선종이 공동대표를 맡고 있고, 김기식과 박영선이 공동 사무처장을 맡고 있다. 잡지로 격월간지 ≪참여사회≫를 발간하고, 시민교육 프로그램으로 '참여사회아카데미'를 개설하고 있다. 사무실은 서울시 종로구 안국동에 있고, 전화번호는 (02) 723-5300이다.

자원봉사분야 — 볼런티어 21

볼런티어 21은 자원봉사가 사회를 변화시키는 힘이라는 믿음을 가지고, 보다 많은 사람들이 효과적이고 효율적으로 자원봉사에 참여하여 삶의 질을 높이는 성숙한 시민사회공동체 건설에 기여하자는 취지 하에 1996년에 설립되었다.

사단법인 볼런티어 21은 자원봉사에 대한 교육·연구·실천과 관련된 각종 사업을 실행하고 있다. 주요사업으로는 자원봉사정신과 가치의 고양을 위한 홍보 및 기반 구축을 위한 활동, 자원봉사 리더십센터를 통한 자원봉사 관리자 및 지도자 양성, 자원봉사 관리나 인프라 구축을 위한 (제도·문화에 대한) 연구조사 및 컨설팅, 자원봉사 모델 프로그램 개발 및 실시, 자원봉사 캠페인 활동, 기업의 사회공헌 활성화를 위한 파트너십 활동 등을 들 수 있다.

1996년부터 계간지 ≪볼런티어 21≫이라는 잡지를 발행하고 있다. 2004년 현재 회원은 300여 명이다. 이명헌이 이사장을, 박영식이 공동대표를 맡고 있다. 사무총장은 이강현이다. 사무실은 서울시 송파구 석촌동에 있고, 전화번호는 (02) 415-6575이다.

경제정의분야 — 경제정의실천시민연합

경제정의실천시민연합(경실련)은 1989년 9월 종교계를 중심으로 한 500여 명의 발기인에 의해 창립되었다. 1987년 6월항쟁 이후 사회문제가 된 정경유착, 부동산 투기와 불로소득, 빈부격차, 생계위협 등에 대처하기 위하여 창립된 경실련은 이후 한국의 대표적 시민단체로 성장하였다. 창립당시 서경석이 핵심적인 역할을 하였다.

경실련의 주요 사업은 부동산투기 근절, 정경유착 척결, 재벌구조 해체, 세제개혁, 정치개혁, 공명선거, 통일, 지방자치 등과 관련된 감시·입법청원·캠페인·연구활동을 들 수 있다. 주요 업적으로는 금융실명제 도입, 토지공개념 도입, 한약분쟁 조정, 아파트 원가 공개 등과 같은, 경제개혁을 위한 다양한 감시활동과 정책대안 제시이다. 특히, 1990년대 초반에는 가장 언론에 많이 보도되는 시민단체일 뿐만 아니라, 한국에서 가장 영향력이 강한 집단으로 꼽혔다. 심지어 '경실련운동'이라는 고유어가 생겨날 정도였다.

2004년 현재 회원은 2만여 명이고, 전국에 30여 개의 지역 경실련이 있다. 그리고 내부에 정농생협, 환경농업가족실천연대, 경제정의실천불교시민연합 등과 같은 부설기구 또는 유관조직이 있고, 경제정의연구소와 도시개혁센터 등 다양한 특별기구를 두고 있다. 김성훈과 허창수가 공동대표를, 박병옥이 사무총장을 맡고 있다. 사무실은 서울시 종로구 동숭동에 있고, 전화번호는 (02) 765-9731이다.

노동분야 — 외국인노동자의집·중국동포의집

외국인노동자의집·중국동포의집은 노동자들을 상담하고 지원하기 위해 1986년 5월 설립된 노동상담소, 희망의 전화에 연원을 두고 있다. 1992년 외국인 노동자 중 특히 중국동포를 위한 상담을 시작하면서 외국인 노동자를 위한 센터를 추가하여, 1994년 외국인노동자의집·중국동포의집이 탄생하게 되었다. '모든 사람은 인종·언어·국가를 초월하여 존엄성을 갖는다'는 설립이념을 가지고 있는 이 단체는, 이주 노동자의 인권을 보호하는 소극적 차원의 활동을 넘어 이주노동자 스스로 노동자로서의 정체성과 권익을 확보할 수 있도록 하는 것을 목적으로 한다. 김해성 소장은 외국인 노동자를 위한 법률제정운동과 관련하여 구속된 적이 있고, 1996년 한국기독교교회협의회(KNCC) 인권상, 2000년 '5월의 정의상'을 수상하기도 하였다.

국경을 넘나드는 노동력의 이동 속에서 경제적으로 나은 미래를 찾고자 한국에 온 이주 노동자들이 겪는 산업재해·폭행·질병·임금체불·사기·사망 등에 대한 상담을 기본으로, 무료 진료와 쉼터 운영, 감옥에 있는 외국인 노동자 수감자 돕기, 사망자 장례식 지원, 결혼가정모임 운영과 외국인 자녀 학교보내기 등의 활동을 주요 사업으로 하고 있다. 더불어 한국어학당, 컴퓨터 교실, 각종 교육과 수련회, 문화활동과 역사탐방 등을 통해 외국인 노동자의 한국사회 적응을 돕고 있다. 내부에 네팔, 중국, 방글라데시, 몽골, 스리랑카, 아랍, 미얀마 노동자를 위한 공동체가 있다. 최근에는 외국인 노동자 쉼터와 외국인 노동자 전용 의원을 개설하여 운영하고 있다.

　외국인노동자의집·중국동포의집은 2004년 현재 성남·서울·안산·광주·양주 등 5개 지역에 8개 센터를 운영하고 있다. 김해성 목사는 서울 센터의 소장을 맡고 있다. 상근자는 전국 8개 센터에 40여 명에 이른다. 외국인 노동자 회원은 전국에 1만여 명에 달하고, 이 외에도 경제적 후원을 하는 한국인 회원이 있다. 서울 센터는 서울시 구로구 가리봉동에 있고, 대표전화는 (02) 863-6622이다. 성남 센터는 경기도 성남시 수정구 태평2동에 소재하고 있으며, 전화번호는 (031) 756-2143이다.

교통분야 — 녹색교통운동

　녹색교통운동은 자동차 중심이 아닌 사람을 중심으로 하는 교통정책 지향, 노인·장애인·어린이 등 교통 약자의 교통권 확대, 대중교통 개선, 자전거 이용 활성화, 교통사고 유자녀(遺子女) 지원을 목적으로 1992년 설립되었다. 녹색교통운동은 시민교통권 확보 및 친환경적 교통의 실현을 촉진하는 다양한 시민운동을 전개하는 교통운동 NGO이다.

　교통안전법 개정운동, 정지선 지키기 캠페인, 국도와 지방도에 인도 설치와 같은 운동을 벌이고 있다. 그리고 교통문화의 수준을 객관적으로 비교할 수 있는 교통문화지수라는 개념을 도입하여 1998년부터 각 도시의 교통문화지수를 측정·비교하는 활동을 하고 있다. 2003년에는 '대중교통을 살리는 것이 지속 가능한 도시로 가는 길'이라는 구호로 '대중교통육성법(안)을 입법청원하기도 하였다. 또한 철도교통문화의 수준을 파악할 수 있는 철도문화지수 측정을 통하여 철도문화 선진화 방안을 추진하고 있다. 1995년부터 매년 지구의 날(4월 22일) 자전거 대행진을 개최하고 있으며, 자동차 배출가스 무료검사 캠페인, 안전한 통학로 만들기 운동(서울권 10개 초등학교), 광화문 사거리 등에 횡단보도 설치 운동을 비롯한 다양한 활동을 하고 있다. ≪녹색교통≫이라는 잡지도 발간하고 있다.

녹색교통운동은 1994년에 사단법인 인가를 받았다. 2004년 현재 회원은 4,000여 명에 달하고, 이사장은 장만기, 공동대표는 심부용, 사무처장은 민만기가 맡고 있다. 사무실은 서울시 종로구 혜화동에 있고, 전화번호는 (02) 744-4855이다.

공동체분야 — 열린사회시민연합

열린사회시민연합은 1987년 6월항쟁 때 활동했던 사회단체가 시민단체로 전환한 서울민주시민연합과 서울겨레사랑지역운동연합이 통합하여 1998년 4월에 창립되었다. 열린사회시민연합은 지역사회의 공간에서 시민의 자발적 인식과 확대를 통하여 자기성장을 꾀하는 것을 목표로 하는 풀뿌리 NGO이다. 이를 위하여 주민자치, 시민교육, 자원봉사 등 3대사업을 전개한다.

주민자치사업에는 주민자치모임을 통한 주민참여 삶터 가꾸기, 생태기행, 주민자치 센터 활성화, 지방자치 주민참여 등이 있다. 시민교육사업에는 자기성찰과 관계형성, 객관적이며 합리적인 사회인식을 돕는 교육, 민주시민교육, 사회참여를 위한 매개교육, 계층별 주제교육을 위한 프로그램 개발 등이 포함된다. 자원봉사사업은 1회원 1자원봉사 생활화, 소외계층에게 무료로 집수리를 해주는 '해뜨는 집' 공동사업단 운영, 대학생 및 청소년 자원봉사단 운영 등이 있다.

열린사회시민연합은 커뮤니티파트너십센터(www.partner.or.kr)라는 부설기관을 두고 주민자치 리더십 양성과 교육, 컨설팅, 정책개발과 같은 전문적인 활동을 한다. 오랫동안 열린사회시민연합의 사무처장을 맡아온 박흥순이 이 센터의 소장을 맡고 있다. 열린사회시민연합은 시울 양천·동작·구로 등에 8개 지부를 두고 있다. 2004년 현재 유종선과 이승규가 공동대표를 맡고 있고, 사무처장은 조재학이다. 회원은 지부를 포함하여 약 2,000명 정도이다. 사무실은 서울시 종로구 명륜동에 있고 전화번호는 (02) 3676-6501이다.

국제협력분야 — 굿네이버스

굿네이버스(Good Neighbors)는 1991년 3월에 설립되어 한국과 제3세계에서 활발하게 구호활동을 하고 있는 국제 NGO이다. 1996년 UN 경제사회이사회(ECOSOC)에 포괄적 협의지위(general consultative status)를 획득하였고, 2004년 현재 한국 NGO 중 포괄적 협의지위를 가진 두 단체 중 하나이다(다른 하나는 세계평화여성연합이다). 단체의 목적은 기독교정신에 입각하여 국내외 빈곤문제를 조사·연구하고 가난하고 소외된 사람의 복지를 증진하는 것이다.

주요사업에는 영세지역 아동지원, 아동상담, 아동학대 상담 센터 운영, 결식아동 지원, 장애인가정 지원, 낙후지역과 농촌지역 개발 등이다. 주요업적으로는 에티오피아 구호사업, 르완다 난민 긴급구호활동, 북한 어린이 급식제공 등과 같은 활동이 있다. 특히 최근에는 북한에 구호·복구·의료지원과 관련된 사업을 활발하게 전개하고 있다.

2004년 현재 회원이 10만여 명에 달하고, 국내에 12개 지역복지 센터, 7개 아동학대 예방 센터, 2개 복지관을 운영하고, 아시아, 아프리카, 북한 등 세계 10개 국에서 구호개발사업을 하고 있다. 전국에 20개 지부를 두고 있고 외국에도 10개 지부가 있다. 회장은 이일하가 맡고 있으며 사무실은 서울시 마포구 상수동에 있다. 전화번호는 (02) 338-0708이다.

대안사회분야 — 나무를심는사람들

나무를심는사람들은 기존의 사회운동으로는 개인의 본성에 내재한 정체성 문제를 해결할 수 없다고 보고, 진정한 자유와 해방을 위하여 종교성과 영성을 연구하고 공유하기 위해 2000년 창립되었다. 따라서 인간의식에 내재하는 권위주의를 극복하고 미래사회의 문명을 개척하는 데에 합리주의에 기초하되, 주관성이나 종교성과 같은 초합리주의적인 관점도 강조한다.

주로 토론회, 연구, 기획강좌, 수련회, 출판, 캠페인과 같은 활동을 한다. 이러한 활동을 통하여 미래사회, 종교성, 영성, 인간의 존재, 진정한 자유 등을 탐구하고 구현하고자 한다. 2003년에는 별도로 미래사회와 종교성 연구원이라는 전문연구원을 만들어서 체계적인 연구를 시도하고 있다.

2004년 현재 회원은 100여 명이고, 다양한 영역의 사람들이 모여 있다. 특히, 다양한 종교를 가진 사람들이 함께 종교가 사회와 인간의 삶에 가지는 의미를 탐색한다. 현재 이형용이 대표적인 활동을 하고 있다. 사무실은 서울시 마포구 공덕동에 있고, 전화번호는 (02) 702-2181이다.

기타 — 한국사랑의집짓기운동연합회

일명 해비타트 한국지부라고도 하는 한국사랑의집짓기운동연합회는 국제 해비타트(Habitat for Humanity International)의 한국지부이다. 해비타트는 설계, 자재, 건축에 이르기까지 모든 과정을 자원봉사자의 노동으로 해결하여 저소득 무주택자에게 주택을 최저의 가격으로 무이자 장기분할상환 형식으로 제공한다. 세계에 92개 지부가 있고 한국지부는 1992년에 설립되어 활동하고 있다. 해비타트 한국지부는 청년에서 노인에 이르기까지 직접 현장에서 땀을 흘리는 자원봉사자의 손으로 직접 집을 지어 가난한 사람들에게 제공함으로써 선한 세력을 구축하고 사회를 섬기는 방법을 훈련하는 것을 목적으로 한다.

자원봉사활동을 통하여 청년들이 땀의 의미와 이웃사랑을 실천하는 방법을 체득하고, 더불어 사는 사회 속에서 사는 방법을 깨닫게 한다. 그리고 통일 이후 북한의 주택사업에 대비하여 역량을 갖추는 것을 강조하고 있다. 또한 자원봉사를 통하여 사랑을 설교하고 사회선교를 하는 것을 강조한다. 그 동안 전국에 수백 채의 집을 지어 가난한 사람에게 제공했을 뿐만 아니라, 몽골·필리핀·태국 등에도 수십 채의 집을 지어 제공하였다. 2001년에는 미국의 카터(Jimmy Carter) 전 대통령이 자원봉사자로 참가하여 전국에 174채의 집을 지어 제공한 적이 있다.

1993년 의정부지회를 시작으로 하여 2004년 현재 전국에 50여 개의 지회를 갖고 있다. 단체를 후원하는 회원은 1,000여 명이고, 이사장은 정근모가 맡고 있다. 연합회 사무실은 서울시 중구 신당동에 있고, 전화번호는 (02) 2267-3702이다.

부록_ 2
대학 입학 논술·구술·면접시험 예상문제 및 답안개요

여기 제시한 답안개요들은 NGO적 시각에 기초하여 작성한 것이다. 다른 문헌이나 논리에 기초하고 NGO적 시각을 첨가하여 답변해도 무방하다. 답안을 작성하거나 질문에 응할 때 반드시 찬성과 반대 양쪽 논리를 제시해야만 하는 것은 아니다. 찬성이나 반대 중 어느 한쪽을 선택하여 그에 맞게 논리적으로 전개해도 된다.

1. 개괄적 질문

질 문 인간답게 살거나 가치 있게 살기 위해서는 어떻게 해야 하는가?

답안개요 1. 단순한 물질적 풍요만으로는 현대사회에서 가치 있는 삶을 누리기에 한계가 있음.
2. 후산업사회의 다양한 탈물질적 가치에 대한 관심 증대.
3. 개인의 자아실현을 위해서는 공공문제에 참여하고 타인에 대한 사회적 책임을 지며, 자원활동과 기부를 통하여 봉사하는 것이 필요.
4. 풍부한 인간성을 가지고 이웃과 함께 사회문제를 해결하는 데 적극적으로 참여하고 실천.
5. 다른 민족, 인종, 성(性), 세대, 다른 가치를 가진 사람, (인간 외에도) 동물과 자연에 대한 이해가 필요.
6. 인간적인 삶을 황폐화시키는 권력과 자본에 대한 경계심을 갖고 공생을 위한 인간연대를 구축하여 함께 공동체적 삶을 추구.
7. 이것은 에리히 프롬이 말하는 소유적 생활양식과 존재적 생활양식 중 후자에 해당(프롬의 『소유냐 존재냐』 참조).

자신이 이 세상에 존재해야 하는 이유는 무엇인가?

답안개요 1. 모든 인간에게는 고유의 존엄과 자기정체성이 있다[인도의 독립운동가였던 간디는 모든 인간에게는 다 같이 존경받을 만한 신성(神性)이 있다고 하였다].
2. 자신의 인생 목표와 희망을 진술.
3. 자신의 희망이 단지 개인의 출세와 번영에 제한된 것이 아님.
4. 개인의 희망은 함께 어우러져 사는 사회 속에서 의미를 지님. 자신의 희망을 성취하는 노력을 통하여 인류 복리와 문명 발전에 기여.
5. 연대와 공생을 위해 끝까지 사명감과 희망을 가지고 노력. 이를 통하여 자신이 사회 속의 중요한 한 구성원임을 보여줄 수 있다.

질 문 과학기술이 인류를 행복하게 할 수 있다고 생각하는가?

답안개요 1. 근대(베이컨과 데카르트의 경험주의와 과학주의)사회 이후 과학기술이 획기적으로 발전하여 인류문명에 크게 기여함.
2. 현대사회에서 과학기술은 상품생산과 서비스 증진 외에 치밀한 계산을 통하여 범죄 예방, 부의 재분배, 관료주의 극복에도 기여(리프킨의 『소유의 종말』 참조).
3. 앞으로 과학기술은 유전공학의 발달에서 보는 바와 같이, 인간수명을 150년으로 늘리고 수소(리프킨의 『수소혁명』 참조)와 같은 대체자원 개발도 가능.
4. 그러나 과학은 가치중립적 성격이 강해서 그 부작용에 대한 윤리적 관심을 별로 기울이지 않음(과학기술의 발달에 따른 핵무기나 대량살상무기의 개발이 대표적).5. 과학기술을 이용하여 인간을 체계적으로 조종하거나 학살한 역사가 많다(나치에 의한 유태인 학살이 대표적).
6. 과학기술의 장점과 단점을 파악하여 성과에만 집착하지 말고 인간의 존엄과 편리를 위하여 잘 이용하는 것이 중요(과학은 인간의 더 나은 삶을 위한 수단이지 그 자체가 목적인 것은 아님).
7. 과학의 발달에 의해 도래할 사회가 반드시 유토피아(utopia)라는 보장은 없다. 디스토피아(dystopia)가 될 우려도 있음(디스토피아적인 미래를 묘사한 대표적 작품으로 조지 오웰의 『1984년』과 헉슬리의 『멋진 신세계』가 있음).

세대나 성(性)간의 첨예한 갈등을 해결할 수 있는 방안은 무엇인가?

답안개요　1. 산업사회의 대표적인 갈등은 물질적 분배를 쟁점으로 하는 자본가와 노동자, 좌파와 우파의 대립.
2. 현대사회에서는 다양한 가치를 사이에 두고 갈등이 발생(환경, 평화, 인권, 성평등, 주거환경 등).
3. 기술발달의 속도가 빨라짐에 따라 가치관과 문화가 세대별로 서로 다름. 여성의 권리가 신장됨에 따라 종속되고 배제되었던 여성이 권리를 깨닫고 그 실현을 주장함.
4. 인간사회는 다양한 정체성을 가진 사람들 사이의 차이에 대한 인정을 통해 공존하는 세상.
5. 차이에 대한 인정과 공존을 위해서는 서로 만나서 교류하고 상대를 이해하는 것이 필수적.
6. 지역의 공동문제를 해결하기 위하여 서로 협력하고 연대하며, 공공문제를 해결하기 위하여 봉사활동을 하는 과정에서 서로에 대한 이해와 신뢰가 발생.
7. 신뢰, 협력, 연대, 공동체정신과 같은 사회자본은 각종 갈등을 완화하고 차이의 공존에 기여함. 이러한 사회자본을 풍부하게 만드는 것이 바로 NGO.

질 문　한국사회의 가장 심각한 문제는 무엇인가?

답안개요　1. 한국은 유교가 일상생활의 윤리와 국가통치이념으로 작용했고, 35년간 일본 식민지 통치를 겪었으며, 남북한간의 분단과 갈등이 오랫동안 지속되었고, 장기간 군부독재정권이 정치권력을 행사해왔다.
2. 이러한 이유로 근대적 가치(법치주의, 개인주의, 합리성, 주체의식)와 민주시민의식을 형성하는 과정이 순탄하지 못하였다.
3. 시민 스스로 국가의 주인이라는 자율의식을 가지고 공공문제에 참여하거나 사회적 개인으로서 자기 역할을 다하지 못하는 경우가 많다.
4. 국가는 오랫동안 폭력을 행사해왔기 때문에 국민에게 신뢰받지 못했고, 정치권력의 정당성도 부족하였다. 또한 다양한 계층이나 집단간 갈등을 조정할 수 있는 권위가 부족하다.
5. 민주주의를 서구사회에서 수입하여 이식했기 때문에 민주주의를 지탱하고 우리 사회를 조절할 수 있는 적절한 윤리와 규범을 제대로 계발하지 못하였다.

6. 최근 시민의 자발적 결사체인 NGO가 등장하여 시민운동이 활발해진 것은, 시민 스스로 주체적으로 참여하고 연대하여 사회문제를 해결하고 공공 가치를 실현하고 있다는 점에서 중요한 의미가 있다.

2. NGO 또는 시민단체

질문 NGO는 왜 발생하며 우리 사회에 어떤 의미를 지니는가?

답안개요 1. 인간이 모여 사는 사회에서 발생하는 각종 문제를 해결하고 인간의 욕구를 충족시키기 위하여 국가와 시장이 존재함.
2. 그러나 사회가 분화되고 인간의 욕구가 다원화됨에 따라 정부와 기업은 현대인의 욕구와 사회문제를 해결하는 데 한계가 있다.
3. 정부와 기업의 한계를 극복하고 각종 욕구를 충족시키기 위하여 시민들이 스스로 참여하여 만든 결사체가 바로 NGO.
4. NGO는 국가와 시장을 견제하고 사회적 약자의 이익을 옹호하며, 각종 사회 서비스를 제공하는 사회적 역할을 수행.
5. 시민사회의 다양한 자발적 결사체가 능동적으로 사회문제에 대하여 토론하고 직접 문제를 해결하는 역동적인 사회에서 민주주의가 발전할 수 있다.
6. 개인이 단순히 국가가 제공하는 공공 서비스를 누리고 일정 시기에 선거에 참여하는 소극적인 행동만으로는, 국가의 억압을 견제하고 시장에 의한 불평등을 해결하는 데 한계가 있음.
7. 현대사회에는 국가도 필요하고 시장도 필요하지만, 자율·참여·연대와 같은 가치를 내포하고 이를 실천하는 시민사회의 존재가 중요.
8. 국가, 시장, 시민사회가 상호 견제하고 협력하는 형태가 이상적인 사회.
9. 이때 시민사회의 가치를 대변하여 국가와 시장의 한계를 보완하고 다양한 인간적 가치를 실현하는 대표적인 조직이 바로 NGO.

서울역에 노숙자가 많이 있는데 이를 어떻게 해결할 수 있는가?

답안개요 1. 어느 사회든지 사회적 약자와 기본 규범에서 벗어난 사람이 존재.

2. 한국의 사회복지비는 GDP 대비 7% 수준으로서 스웨덴(35%), 독일(30%), 미국(22%), 일본(17%)에 비해 크게 낮다.

3. 국가는 사회적 약자의 생활을 보호하고 기본생계를 포함한 사회복지에 대한 역할을 확대해야 한다. 따라서 노숙자 문제도 국가가 적극적으로 개입하여 최소한의 생계와 인간존엄성을 보장해야 한다.

4. 그러나 사회복지와 개인의 생계문제를 국가가 모두 해결하는 데는 한계가 있음. 더구나 이것을 관료제(공무원)를 통해서 해결하는 것은 비효율적이기 쉽다.

5. 시민사회의 각종 종교단체, 복지단체, NGO 등이 능동적으로 자원을 동원하여 문제 해결에 나서는 것이 필요.

6. 정부는 이들 단체가 활동할 수 있도록 정책을 만들어서 제도적 장치를 구체화하는 것이 중요(자원봉사활동 활성화, 기부금 활성화, 비영리단체 세금 면제 등).

7. 필요하면 정부가 재정을 지원하고 NGO를 포함한 각종 비영리단체가 실행하는 공생산(coproduction)이나 파트너십(partnership)이 가능.

질 문 북한의 용천역 폭발사고 이후 북한 주민을 도와주는 이유와 방법은?

답안개요 1. 북한과 남한의 체제는 다르지만 같은 한민족으로서 한국 정부뿐만 아니라, 한국 사람이 적극적인 관심을 가져야 한다.

2. 북한 주민을 돕는 것은 결코 남의 일이 아니다. 남북한간의 교류 확대와 상호원조 확대는 인도적 행동일 뿐만 아니라, 한반도에 평화와 화해를 정착시키고 긴장을 완화하는 데 중요.

3. 남북한간에는 정치·군사·경제 외에도 문화·스포츠·구호 활동과 같은 비정치적·비경제적인 분야에서도 적극적인 교류와 협력이 필요.

4. 위험에 처한 북한 주민을 돕는 것이 전적으로 정부만의 몫이지는 않다. 더구나 북한은 정부가 직접 돕는 것을 꺼려한다.

5. 시민사회의 각종 비영리단체가 스스로 자금과 물품을 마련하여 정부의 정책과는 별도로 북한 주민이나 단체와 접촉하여 지원하는 것이 필요(시민단체가 용천에 초등학교를 새로

지어주었다).

6. 각종 민간교류를 통하여 상호 지원하고 서로에 대해 이해를 높이는 것은 통일시대를 대비하여 매우 의미 있는 일.

7. 남북한간에 민간단체의 상호교류와 지원활동이 활성화되도록 정부는 정책을 만들고, 필요하면 단체의 운영이나 사업에 필요한 자금을 지원하는 것도 가능.

질 문 기상이변과 같은 환경문제를 해결하기 위해 어떻게 해야 하는가?

답안개요 1. 지구상에 기상이변으로 인한 가뭄·홍수·태풍·지진 등과 같은 거대 재난이 앞으로 10년 이내에 닥친다는 연구보고가 있다.

2. 이산화탄소 증가와 무분별한 벌목으로 인해 지구의 오존층이 파괴되고 기상이변이 늘어나고 있다.

3. 지구의 인구는 60억 명에 해당하고 이 인구는 너무 많은 에너지를 소비하고 있다(특히, 미국을 비롯한 선진국에서 에너지 소비가 많다).

4. 더구나 인구와 에너지 사용은 계속 증가하고 있어서, 지구는 곧 만원이 되고 대부분의 천연자원은 고갈될 것이다.

5. 자연과 인간 사이의 관계를 단지 수단과 목적의 관계로 간주하고, 인간의 물질적 만족과 소비증가를 위하여 자연을 마음대로 사용하고 오염시키는 태도는 바람직하지 않다.

6. 인간과 자연이 상호 공존하면서 지속 가능한 발전을 추구하는 것이 지구를 살리고 생태계를 보호하며, 인간의 안전을 보장할 수 있다.

7. 따라서 지금이라도 발전논리에서 벗어나 소비를 줄이고 자연을 상생의 대상으로 대하는 발전양식과 문화정착이 필요.

8. 전 지구인이 상호 협력하여 소비 억제와 절약하는 삶의 자세를 갖도록 국제협약을 맺고, 지구상의 많은 NGO가 유엔과의 협의에 의해 이를 실천하는 행동이 필요(교토기후협약을 재발의하여 선진국부터 실천하는 것이 중요).

3. 시민운동

질 문 우리 사회에서 시민운동은 왜 필요한가?

답안개요 1. 시민운동이란 시민이 주체가 되어 사회 변화와 공공선 증대를 추구하는 집합적 노력.

2. 시민운동은 물질적 분배 외에 환경·인권·평화·여성·문화와 같은 다양한 탈물질적 가치와 쟁점에 대응하고 국가와 시장을 견제함.

3. 이 외에도 시민운동은 국가와 시장이 미치지 못하는 각종 사회문제를 해결하고 필요한 서비스를 생산하며 시민을 계몽하는 역할을 수행.

4. 시민의 자발적 참여에 의해 국가권력을 견제하고 사회적 약자의 이익을 옹호하며 각종 사회문제를 해결하는 것은, 우리의 삶의 질과 밀접한 관련이 있음.

5. 시민운동 없이 국가가 질서를 유지하고 공공 서비스를 생산하며, 시장이 상품을 생산하여 교환하는 사회는 수동적인 사회로서 인간의 삶의 질을 높이기 어렵다.

6. 또한 시민운동은 우리 사회의 문제와 한계를 탐색하여 보다 나은 사회로의 진보를 추구하는 자발적 행동으로서 문명 발전에도 중요.

7. 오늘날 시민운동은 한 국가의 경계를 넘어 전 지구적인 상호연대를 통하여 세계 공동의 문제를 해결하는 데도 기여(환경, 구호, 빈곤, 질병 등의 문제에 대한 상호지원과 연대가 대표적).

질 문 쓰레기 분리수거가 잘 안되고 있는 이유와 개선방법은 무엇인가?

답안개요 1. 한국의 도시화 비율은 90%를 넘어섰고, 세계 주요 국가에서도 인구의 대부분이 도시에서 거주하고 있음

2. 인구가 많이 모여 사는 도시에는 공기·소음·쓰레기·배설물 처리와 같은 문제가 발생하고 많은 비용이 소요됨.

3. 인간이 사용한 각종 쓰레기를 분리하여 그 양을 줄이지 않으면 지구는 쓰레기로 몸살을 앓게 되고 생태계 파괴로 이어짐(호수와 바다의 녹조, 토양오염으로 인한 인체의 피해 등).

4. 쓰레기 분리수거는 쓰레기 처리비용을 줄이고 매장해야만 하는 쓰레기 양을 줄인다.
5. 이러한 공공선과 관련된 의식 개혁을 위해서는 국가에 의한 홍보와 학교에서의 교육도 중요하지만, 시민의 자발적 운동에 의해 스스로 자기계몽을 하는 것이 효과적.
6. 한국은 1987년 6월항쟁 이후에 본격적으로 시민운동이 발달했기 때문에 시민운동의 역사가 짧다.
7. 한국은 오랫동안 빈곤했고 민주주의가 늦게 발달하였으며, 남북한간에 냉전체제가 지속되어 공공의식이 제대로 발달하지 못하였다.
8. 시민 스스로 지역단위에서 단체를 조직하여 우리 사회를 보다 깨끗하고 안전한 곳으로 만드는 운동이 일어나는 것이 중요.
9. 정부는 이러한 운동이 활발해지도록 각종 정책을 만들고 교육이 이루어지도록 해야 한다.

질 문 대통령의 탄핵 후 있었던 시민단체에 의한 촛불시위를 어떻게 생각하는가?

답안개요 1. 현대사회에서 대의민주주의가 시민의 의견을 집약하고 참여욕구를 수용하는 데는 한계가 있음(이 때문에 참여민주주의에 대한 논의가 활발).
2. 따라서 시민들이 각종 사회적 이슈에 대하여 자신의 의견을 표출하고 조직을 만들어 이를 국가에 전달하는 것이 민주주의에서 중요.
3. 다만 그 과정이 법의 테두리를 벗어나 폭력을 수반하면서 과격해지거나 너무 혼란스러울 정도로 과도하면 문제.
4. 합법적이고 평화적인 방법으로 국가의 강제와 기존 지배논리에 저항하는 것은 역동적인 사회의 한 단면이다.
5. 국가안보와 사회질서유지라는 명목으로 이러한 시민적 참여와 행동을 무질서로 보거나 좌경으로 모는 것은 군사문화와 냉전체제의 유산으로서 극복해야 할 대상(복잡성이론이나 양자역학에서는 무질서를 나쁜 것이 아니라 쇄신의 기회로 본다).
6. 더구나 시민사회란 국가권력에 정당성을 부여함과 동시에 국가권력을 견제하는 역할을 하는 토대로서, 정치권력의 왜곡과 기득권의 자기보호에 대해 저항할 수 있는 힘이 있어야 민주주의가 발달.

7. 민주주의를 염원하는 다른 국가의 입장에서 본다면 한국의 촛불시위는 역동적인 민주주의의 상징이자 민주주의를 실천하는 현장임(많은 외국의 언론이 촛불시위를 앞을 다투어 보도하는 것도 이러한 이유 때문).

질 문 한국군의 이라크 파병에 대해 논란이 많은데 어떻게 생각하는가?

답안개요 1. 국제사회는 반드시 정의나 대의명분에 의해서 움직이지는 않고 각국의 이익을 극대화하기 위한 투쟁의 장이기도 함.
2. 각국은 자국의 이익을 극대화하기 위하여 서로 동맹을 맺고, 강대국은 힘의 논리로 약소국에게 자국의 이익을 강요.
3. 이라크 전쟁은 바로 미국이라는 초강대국이 자국의 이익이나 정치권력의 연장을 위해 일으킨 사건(미국의 국방부와 강경 보수주의자가 전쟁을 부추김. 전쟁을 일으킨 큰 명분이 었던 대량살상무기는 결국 발견되지 않았음).
4. 한국은 세계 유일의 분단국가로서 국가안보의 상당 부분을 미국에 의존하고 있는 것이 현실.
5. 그러나 중동국가는 한국의 주요 무역 상대국으로서 매우 중요. 특히 한국에서 사용하는 석유의 대부분을 중동에서 수입.
6. 따라서 이라크 파병에 대한 찬성 여부는 단순히 국가안보에 많은 부분을 차지하고 있는 미국의 요구에 응한다는 것만으로 판단하기 어려움.
7. 국제관계의 현실주의에서 한국이 미국의 요구를 받아들이지 않는 것도 결코 쉽지 않음.
8. 이라크 전쟁이 대의명분도 부족하고 종전 후에도 미국 주도의 정권 이양 이후 혼란만 가중되고 있기 때문에 부시 정권의 실패작으로 끝날 가능성이 높다.
9. 그렇다면 한국은 무역 파트너로서의 중요성을 감안하여 다양한 방법으로 미국을 설득하는 것이 중요(이때 시민사회의 반대운동은 협상에서 유리하게 작용).
10. 최악의 조건에서 군대를 파견하더라도 철저하게 평화와 재건활동으로 파병부대의 임무를 국한시켜서 이라크 국민에게 한국군은 이라크 전쟁의 상처를 치료하는 친구라는 인상을 심어주는 활동이 필요함.

4. 자원봉사활동

질 문 우리 사회에서 자원봉사활동이나 기부금을 내는 것은 왜 필요한가?

답안개요 1. 인간이 사는 사회는 언제나 불평등과 부정의가 존재해왔고, 국가에 의한 계획과 강제에 의해서도 해결되지 않는 무수한 문제가 존재.
2. 따라서 시민사회에서 각종 사회문제를 해결하기 위한 봉사활동이나 기부금을 제공하는 문화가 중요.
3. 현대사회에서는 부(富)를 증대하고 소비를 늘리는 것만으로는 자아실현과 차원 높은 삶을 누리는 것이 불가능.
4. 개인은 공중(公衆)으로서 타인의 삶에 대하여 관심을 갖고 사회적 책임을 지려는 경향이 강화되고 있다. 이러한 행동의 대표적인 예가 자원활동과 기부행위.
5. 자원활동과 같은 거대한 민간 에너지를 이용하여 국가의 한계를 극복하고 복지공동체를 형성하는 것이 삶의 질을 높이는 데 중요.
6. 예를 들어, 소년소녀가장이나 독거노인 문제는 가족이나 국가의 관여로 해결하는 데 한계가 있음(실제로 NGO를 비롯한 각종 시민사회단체가 이들에게 기부금을 제공하고 봉사활동을 실천함으로써 정부의 한계를 보완).
7. 자원봉사활동이나 기부행위가 활발한 사회가 균형적이고 안정적인 사회로서 범죄와 무임승차의식이 줄어든다. 사회적 약자를 돕거나 공공문제를 해결하기 위하여 자원활동이 활발하게 일어나는 사회가 역동적인 사회이다.

질 문 자원봉사활동의 경험을 구체적으로 설명하고 느낀 바를 말하시오.

답안개요 1. 자원봉사활동의 개념 서술(강제나 보상 없이 타인이나 공익을 위하여 조직적으로 시간과 노력을 제공하는 활동).
2. 자신이 자원봉사활동을 한 경험을 서술(구체적으로 어떤 동기로 언제부터 언제까지 어떤 조직의 매개로 어디에서 어떤 일을 하였는지를 서술).

3. 봉사활동을 통하여 개인적으로 타인과 교류하고 사회를 경험하고 새로운 분야에 대한 정보를 얻음.
4. 이 외에도 봉사활동을 통하여 보람과 성취감을 느꼈으며 인격적으로도 성숙한 것을 체험.
5. 나의 참여가 도움이 필요한 사람을 지원하고 사회 공통의 문제를 해결하는 데 도움이 됨으로써 자긍심을 느끼고 정신적으로 건강해짐.
6. 특히 개인이 대가 없는 노력을 통하여 사회적으로 기여할 때 민주시민이 될 수 있고, 민주시민이 있을 때 민주주의가 역동적으로 발전할 수 있음.
7. 청소년이 자원봉사활동을 함으로써 감수성이 예민한 시기에 타인과 협력하고 타인을 지원하는 것을 체험하게 되고, 이는 성인이 되었을 때 균형 있는 삶을 살고 지도자로서 리더십을 발휘하는 데 중요.

■ 지은이

박상필

경희대학교 정치학과 졸업. 미국 알래스카대학교 정책대학원 졸업
경북대학교 대학원 졸업(행정학 박사)
경희대학교 총학생회장. 경희대학교 NGO 대학원 객원교수
현 성공회대학교 NGO 대학원 교수, 한국 NGO학회 이사, 한국비영리학회 이사
≪시민의신문≫ 칼럼니스트, 참여연대 운영위원
주요 저서: 『NGO학: 자율·참여·연대의 동학』(근간), 『NGO: Key Concepts in NGO Studies』
(2004), 『NGO와 정부 그리고 정책』(2002), 『NGO를 배운다는 것』(2002), 『NGO
를 알면 세상이 보인다』(2001) 외 다수

청소년을 위한 NGO 길라잡이
NGO를 모르면 대학도 못 간다

ⓒ 박상필, 2004

지은이 박상필
펴낸이 김종수
펴낸곳 도서출판 한울

편집책임 안광은
편집 한준

초판 1쇄 인쇄   2004년 10월 15일
초판 1쇄 발행   2004년 10월 22일

주소   413-832 파주시 교하읍 문발리 507-2(본사)
121-801 서울시 마포구 공덕동 105-90 서울빌딩 3층(서울 사무소)
전화   영업 02-326-0095, 편집 02-336-6183
팩스   02-333-7543
홈페이지   www.hanulbooks.co.kr
등록   1980년 3월 13일, 제406-2003-051호

Printed in Korea.
ISBN 89-460-3303-7   03330

* 가격은 겉표지에 표시되어 있습니다.
* 이 책의 인세 1%는 아름다운재단으로 기부됩니다.